우리말
밭다리
걸기

「이 도서의 국립중앙도서관 출판예정도서목록(CIP)은 서지정보유통지원시스템 홈페이지(http://seoji.nl.go.kr)와 국가자료공동목록시스템(http://www.nl.go.kr/kolisnet)에서 이용하실 수 있습니다.(CIP제어번호: CIP2015018223)」

우리말 밭다리걸기

초판 1쇄 발행일 2015년 7월 20일
초판 3쇄 발행일 2016년 6월 28일

지 은 이 나윤정 · 김주동

출판책임 박성규
기획실장 선우미정
일러스트 박현지
편   집 유예림 · 구소연
디 자 인 김지연 · 이수빈
마 케 팅 석철호 · 나다연
경영지원 김은주 · 박소희
제   작 송세언
관   리 구법모 · 엄철용

펴 낸 곳 도서출판 들녘
펴 낸 이 이정원
등록일자 1987년 12월 12일
등록번호 10-156
주   소 경기도 파주시 회동길 198
전   화 마케팅 031-955-7374 편집 031-955-7381
팩시밀리 031-955-7393
홈페이지 www.ddd21.co.kr

I S B N 978-89-7527-705-4 (03700)

우리말 밭다리 걸기

나윤정 · 김주동 지음

들녘

지은이 인사말

등장인물

여자. 나윤정. 당시 16년차 어문연구팀 베테랑 차장급 기자.

(어문연구팀은? 기사 속 오자와 탈자, 비문법적 문장을 문법에 맞게 고치고, 문맥을 다듬는 일을 합니다.)

남자. 김주동. 당시 16년차 편집 업무를 오래한 통합뉴스룸 차장급 기자.

(편집 업무란? 기사의 선택·배치 및 제목 선정, 뉴스 속보나 주요 이슈들을 좇는 일 등을 말합니다.)

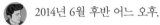 2014년 6월 후반 어느 오후,

fn메신저를 클릭한다. 증권가와 몇몇 언론사들이 쓰는 메신저로, 대화창을 통한 대화보다는 쪽지를 주고받는 기능이 기본 설정인 프로그램이다.

'나윤정' 이름에 굳이 마우스 오른쪽 버튼을 눌러 '대화창' 기능을 불렀다. 고심 끝 하는 얘기를 쪽지로 하는 것은 답답할 것 같았다.

"바빠?"

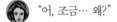 "어, 조금… 왜?"

"아, 뭐 할 얘기가 있어서… 바쁘면 담에…"

(생각) 이럴 친구가 아닌데…

"뭔데?"

"음… 혹시 기사 쓸 생각 없어? 우리말 관련…"

(생각) 뭐야 시키지도 않았는데 업무 외에 기사를 쓰자고?

아, 가만! 문득 떠오르는 기사들, 8년 전에 쓴 '이제는 좀 지우고 싶은' 기사 '기자도 헷갈리는 우리말'.

기사라는 게 그렇다. 잘 못써도 한번 온라인에 올라가면 정당한 이유 없는 삭제가 안 된다. 이름·제목을 치면 모조리 볼 수 있는…. 그래! 이참에 그걸 '업그레이드' 해봐? 8년이 지났으니 더 성숙한 글이 탄생하겠지. 갑자기 의지가 불끈!

"좋아. 해보자. 자세한 건 나중에…"

'우리말 밭다리걸기'는 이렇게 시동이 걸렸습니다. 시동을 걸기 약 2주 전,

 (종종 가던 인터넷 자유게시판에 있는 글 하나에 눈이 갔다. 인기 글에 오른 그것은 '한글'에 대한 것.)

이런 글이 인기 글? 고리타분해 할 줄 알았던 소재인데….

(순간 여러 생각이 머릿속에서 빠르게 맴돈다. 요즘 들어 기사에서도 많이 띄는 당황스러운 오자들, 신문에서 '~하길 바라'라는 제목을 보고 오자 난 줄 알았다가 그게 아님을 알고 충격 받은 일, 새로운 것을 해보고 싶었던 마음….)

나조차도 헷갈려 하는 우리말을 되짚어보는 게 필요한 시기가 아닐까? 기사로 한번 써볼까? 괜한 짓이려나…. 했다가 망신만 당하는 것 아닐까?

(그리고 나름의 '시장 조사'를 해본다. 기사 검색, 서점 출입…)

다시 2주 후, 남자는 믿을 수 있는 파트너를 모시기로 합니다. fn메신저 창을 열고 '나윤정' 이름에 마우스를 댑니다.
메신저 대화 1주일 후, 첫 공식(?) 회의.
사적으로만 대하던 사이인데 공적인 자리를 가지려니 어색합니다.

 (생각) 왜 말이 없지? 생각이 많은 건지, 할 말이 없는 건지…

 (큰일(?)을 앞두고 뭐부터 말해야 하나 머릿속은 뒤죽박죽, 그냥 하나를 던진다.)

"이거 어때? 설레다/설레이다, 바라/바래. 정말 많이 틀리잖아"

"아! 좋다. 그럼 이건 어때? 맞춤법 단골손님 '맞히다/맞추다'"

물꼬가 트였습니다.

 사진은 이렇게 저렇게…, 그림은 어쩌고저쩌고….

큰 틀에서 글의 방향을 의논했습니다. 비전문적인(?) 이 남자도 편하게 볼 만큼 딱딱하지 않게, 도덕책처럼 되지 않게, 때로는 맞춤법에 대한 불만이나 반대 의견도 소신 있게

담도록. 씨름 용어인 '밭다리걸기'를 이름으로 쓴 것도 "잘못된 말을 밭다리 걸어 넘어뜨리듯! 시원하게 뒤집어 파헤쳐보겠다"는 이런 느낌을 담아본 겁니다.

2014년 8월 첫 화요일, 첫 기사가 나갔습니다. '반응이 있을까? 첫술에 배부를 수는 없지만.' 포털사이트에 나간 기사에 댓글이 하나 달렸습니다. 첫 화면에 기사가 걸린 것도 아니었는데…. 첫 손님을 맞은 이런 기분, 좋았습니다. 회사에서도 알음알음 기사 얘기가 나왔습니다. 동료들의 헷갈리는 말 제보도 이어졌습니다.

 (생각) '한방'이 있으면 좋을 텐데… 아~ 너무 생각했나? 정리가 안 되네.
그래! 며칠 전 청계천 테이블에서 본 스티커. '앙되요'에서 '앙돼요'로 바뀐 거!

정리가 되자 단박에 기사가 써집니다.
5회째였던 이 기사는 한 포털 사이트에서 댓글 1000개가 넘었습니다. 상상 이상의 반응에 남녀는 모두 힘을 얻었습니다. 메신저로 축하의 인사도 날아왔습니다. 기자 생활하며 느낀 오래간만의 짜릿함!
2014년 연말에 다룬 '2014 기사 속 틀린 맞춤법', 지난 3월에 쓴 '잘못 쓰는 높임말'은 검색어에 오르기도 했습니다. 다른 신문사들이 뒤따라 이 소재로 기사를 썼습니다.
"도~찐 개~찐, 도~찐 개~찐!" 일요일마다 아들과 모 개그 프로그램을 보는 게 낙이던 여자는, 2014년 12월 유행어를 기사로 다루었습니다. 당시는 '도 긴 개 긴' 또는 '도긴 개긴'이 맞는 말이었는데 2015년 6월24일 '도긴개긴'이 표준어로 인정받게 됩니다. 잘못된 유행어를 한번쯤 짚어보고 환기시킨 점, 뿌듯했습니다.

'우리말 밭다리걸기'는 온라인에 총 43건이 기사로 나갔습니다. 그리고 16건을 더해 이렇게 책으로 묶었습니다.
공부하는 느낌이 아니라 가볍게 상식을 넓힌다는 기분으로 읽으셨으면 합니다. '이런 맞춤법도 꼭 지켜야 하나?' 하는 생각도 좋습니다. 물론 몰랐던 걸 알게 되신다면 여기 남녀에게도 기쁜 일이 될 겁니다.

그동안 기사에 댓글로 쓴소리 혹은 응원해주신 분들, 제보 주신 분들, 그리고 기사를 좋은 자리에 노출해주신 포털 사이트 관계자 분들, 고맙습니다.

결실 맺게 해주신 '들녘'과 선우미정 실장님, 그리고 응원해주신 머니투데이 정희경 국장과 선후배 여러분들, 통합뉴스룸1부 조남각 부장과 부원들께 감사 인사드립니다.

특별히 더…

사람의 인연은 참 신기합니다. 16년 전 같은 신문사에서 시작했는데 지금 같은 부서에서 근무할 줄이야…. 때로는 무모하게 밀어붙이는 요구에도 싫은 내색 없이 더 멋진 기사 완성해준 김주동 차장께 고맙다는 말 전하고 싶고요. 항상 응원해주시는 어문연구팀 김선영 부장과 후배들, 고맙습니다.

바쁘다는 핑계로 잘 못 찾아뵙지만 아버님과 어머님 그리고 엄마, 가족들 언제나 감사합니다.

마지막으로 늘 자극이 되는 존경하는 친구 연기, '멋진 야구선수'가 될 작은 친구 광민이 사랑합니다.

-여름밤 인천 SMOKE에서

우선 조심스럽게 건넨 제안을 속 시원하게 받아준 나윤정 차장께 고맙고요. 단언컨대, 나 혼자라면 이것의 반의반도 못 했을 겁니다. 덕분에 든든했고 회사 생활에 좋은 추억이 됐습니다.

그리고 묵묵히 지켜봐주시는 아버지, 엄마, 려하-려은 식구들, 바다 건너 계신 장인어른, 장모님, 처남 동훈 고맙습니다. 또 늘 곁에서 날 응원해주고, 내 안의 모르던 나를 일깨워주는 사랑하는 전희경 씨 고마워요~

- 점심시간 조용한 사무실에서

| 차례 |

첫째마당
발다리 후리기

지은이 인사말은
4쪽에 있소!

지역별
놀이 이름 지도는
239쪽에 있다네!

가나다라마바사
아자차카타파하
으헤~ 으헤으헤
　　　으헤헤

첫째마당

발다리 후리기

ㅌ

ㅍ

ㅎ

막냇동생한테
뒷골목 고깃집으로 오라고 해

사이시옷, 때로는 어색한 사이

여러분은 '한여름' 하면 어떤 것들이 떠오르세요? 여름방학, 찌는 듯한 더위에 습한 공기, 매미 우는 소리, 에어컨, 바닷가……. 빼놓을 수 없는 게 또 있어요. 바로 '장맛비'죠.

여기서 늘 헷갈리는 단어 **장맛비**가 나오는데요. 지금이야 "당연히 장맛비가 맞춤법에 맞는 거지" 하지만요, 저도 초보 기자시절엔 '장마비'인 줄 알고 오자를 낸 적도 있답니다. 그런데 **여우비**는 '여웃비'가 아니라네요.

혹시 2014년 초 방송된 MBC 「무한도전」의 '받아쓰기' 편을 보신 적 있나요? 그때 '막내동생'이 아닌 **막냇동생**[망내똥생/망낻똥생]으로 써야 한다는 사실을 알고 멤버들이 많이 당황했는데요. 어쩌면 시청자들이 더 놀랐을지도 모릅니다.

장맛비, 여우비, 막냇동생…… 왜 이렇게 되는 걸까요? 뭔가 단어 사이에 들어가는 'ㅅ', 즉 사이시옷의 조화 때문인 듯한데요. 이참에 사이시옷에 대해 한번 알아볼까요?

사이시옷 규칙 1

'우리말+우리말', '우리말+한자어', '한자어+우리말'이 결합한 합성어로서 앞말이 모음으로 끝나고 뒷말의 첫소리가 된소리로 나는 낱말에 사이시옷이 옵니다. '한자어+한자어'는 사이시옷이 없는 거지요. 하지만 예외도 있습니다. 빼면 어색해질 여섯 개 단어, 즉 **곳간**, **툇간**, **횟수**, **셋방**, **숫자**, **찻간**은 사이시옷을 인정합니다.

사이시옷 규칙 2

두 낱말이 합쳐지면서 뒷말 첫소리가 된소리(ㄲ, ㄸ, ㅃ, ㅆ, ㅉ)나 [ㄴ] 소리로 날 때 사이시옷을 씁니다. **고깃집**[고기찝], **나뭇잎**[나문닙] 등이 이에 해당하죠.

ㄱ 태어난 막ㄴ동생이 ㅂㄴ저고리를 입었다

틀림
갓 태어난 막내동생이 베앳저고리를 입었다!!

정답 갓 태어난 막냇동생이 배냇저고리를 입었다

'막내동생'이 아니라 '막냇동생'이라고?

사이시옷 규칙 3

뒤에 오는 말의 초성이 된소리 글자나 거센소리 글자(ㅋ, ㅌ, ㅍ, ㅊ)인 경우 사이시옷을 넣지 않습니다. 예를 들어 '막냇딸'이 아니라 **막내딸**이 맞습니다.

지난 2006년부터는 교과서에서도 사이시옷 표기를 따르게 되면서 여러분도 **등굣길**, **하굣길** 등 낯선(?) 단어들을 만나게 됐는데요. 이는 '한자어+우리말'에서 뒷글자의 첫소리가 된소리인 경우에 해당합니다. 하지만 이런 규칙을 알더라도 우리는 사이시옷을 넣을지 말지 자주 고민하게 되는데요.

장맛비를 볼까요? 첫 번째 규칙처럼 '우리말+우리말'의 결합인 데다 발음이 [장마삐]이므로 장맛비가 맞습니다. 그럼 여우비는? 이 역시 '우리말+우리말'이지만 발음이 [여우비]이므로 표기도 그대로 여우비가 되는 것입니다.

"어, 난 아닌데?"

우리가 헷갈리는 건 바로 이 부분인데요. 장맛비를 [장마삐]가 아닌 [장마비]로 읽을 수도 있지 않은지……, 여우비도 [여우비]가 아닌 [여우삐]로 발음할 수도 있는 것 아닌지 말이죠. 발음이 된소리가 나는지, 아닌지는 직접 사전을 찾아 발음기호를 확인해야 합니다.

더 골치 아픈 경우도 있습니다. 앞의 경우엔 헷갈려도 사전만 찾아보면 답이 나오는데요. 사전에 안 나오는 단어는 어떻게 할까요? 사이시옷 규칙에 일일이 적용하더라도, 눈에 익지 않아서 어떤 게 맞는지 고민만 될 뿐입니다.

가로수길, 자전거길은 'ㅅ'을 넣어야 할까요? 사이시옷 규정을 보면 가로숫길, 자전것길로 써야 할 것 같은데 말이죠.

공식적으로 이 경우엔 **가로수 길, 자전거 길**로 띄어 써야 합니다. [가로수낄], [자전거낄]로 발음하는 게 맞지만, 사전에 등재되지 않은 단어이므로 하나의 낱말(합성어)로 인정되지 않아 '가로수 길', '자전거 길'로 써야 하는 것이지요. 표준어의 구분을 사전에 있는지 여부로만 보아 생겨난 문제점인데요. 이렇게 띄어 쓰는 게 맞다는 것을 아는 사람이 과연 얼마나 될까요?

심지어 강남의 '가로수길'은 신사동이란 지명보다 더 유명해져서 많은 표지판에 버젓이 '가로수길'이라고 적혀 있습니다. '가로수 길'로 표지판을 고쳐야 할까요? 자전거도로 활성화 정책으로 많은 표지판에 자전거 그림과 함께 적힌 '자전거길'은 어떻게 할까요!

간판을 바꿔야 하나?

17

단어를 무조건 사이시옷 규정에 맞게 발음하거나 띄어 쓰도록 하는 것
보다 원칙을 두되 나머지도 허용하는 건 어떨까요?

문제입니다. 다음 중 사이시옷 규정에 따를 때 잘못된 낱말은 어느 것일까요?

1. 진돗개
2. 첫쨋날
3. 부챗살
4. 북엇국

정답 2번
    '첫쨋날→첫째 날'로 써야 맞습니다. 첫쨋날은 하나의 단어로 인정되지 않
습니다.

그만 맞추고, 이젠 맞히세요!

맞히다/맞추다

아래 그림을 보세요. 주위에서 흔히 볼 수 있는 이벤트 안내 그림인데요.
그림에서 '맞춰라', '맞추기'는 모두 틀렸습니다. 이 말은 우리가 일상에서
자주 틀리게 쓰는데요. 기자나 방송인도 예외가 아닙니다. **맞히다[마치다]**
와 **맞추다[맏추다]**, 왜 이렇게 헷갈릴까요?

알쏭달쏭 '맞추다 vs. 맞히다'

사전적으로 **맞히다**는 '맞다'의 사동사인데요. "문제에 대한 답이 틀리지 않도록 하다", 또는 "한 물체가 어떤 물체에 닿게 하다"는 뜻으로 '적중'의 의미가 있습니다. 반면 **맞추다**는 "둘 이상의 일정한 대상을 나란히 비교하여 살피다", 또는 "서로 떨어져 있는 부분을 제자리에 맞게 대어 붙인다"는 뜻입니다. 발음도 비슷한데, 사전적 의미까지 약간 비슷한 느낌입니다. 그렇다면 쓰는 상황은 어떻게 다를까요?

'맞히다'는 크게 두 가지 경우에서 씁니다. (답을) 콕 집어내거나, (무언가를) 탁 때리는 상황이죠. 시험문제나 퀴즈의 답은 **맞히고**, 투수의 강속구나 축구 골대도 **맞히는** 겁니다. 상황을 보니 일상에서 참 많이도 쓰는 (자주 틀리게 쓰는) 말이네요.

'맞추다'는 맞닿게 하거나, 서로 비교하는 상황, 또는 비교해서 조절하는 상황에서 씁니다. 퍼즐 조각을 맞**추**거나 입술을 맞**추**고, 남자친구와 휴가 일정을 맞**추**고, 줄을 맞**추**는 겁니다.

어떤 분들은 '맞춤법'이란 말 때문에 헷갈려 하기도 하는데요. 맞춤법은 "자음과 모음을 잘 맞'춰'서 글자를 만든다"는 뜻이기 때문에 맞춤법이 된 것입니다. 비슷한 말인 '철자(綴字)법'도 말 그대로 "글자를 엮는 (꿰매는) 법"을 뜻합니다. 자, 처음 나왔던 그림을 맞게 고쳐봤습니다. 함께 확인하실까요?

맞**히**기 직전

오오, 매우 빠른 공을
맞'히'는 순간입니다!

20

'맞추다'가 아니라 '맞히다'로군요!

끝으로 고난도 문제인데요. 다음 두 문장은 모두 쓸 수 있습니다.
뜻은 어떻게 다를까요?

1. 어려웠던 영어시험 2번 문제 답을 맞췄다.
2. 어려웠던 영어시험 2번 문제 답을 맞혔다.

정답 1번 문장은 누군가와 각자 쓴 답을 '비교해'봤다는 뜻입니다.
　　　2번 문장은 정답을 '맞게' 썼다는 뜻입니다.

*덧붙임

앞서도 말했듯이 '맞히다/맞추다'는 많은 분들이 잘못 씁니다. 보통 '맞히다'로 쓸 상황에서 '맞추다'로 쓰는데요. '맞다'와 관련 있는 이 두 단어는 구분 없이 쓰이면서도 의사소통엔 별 문제가 없기도 합니다. 대중들의 언어 사용 현실을 감안한다면 시간이 지나 하나로 통합될지도 모를 일입니다. 참고로 '맞추다'는 이미 한 번 통합된 말인데요. 오래 전 "양복을 맞추다" 등의 상황에서 쓰던 '마추다'는 1988년 맞춤법 개정 때 '맞추다'로 통합됐습니다.[1]

1 한글 맞춤법 제55항 http://www.korean.go.kr/front/page/pageView.do?page_id=P000077&mn_id=30

선 넘으니 맛있어진 과자이름들

누네띠네? 뿌셔뿌셔!

여러분이 학기 초부터 줄곧 기다리는 것? 예, 방학입니다. 언젠가 인터넷에 "그들이 온다!"라는 표제어 아래 방학을 맞아 신이 난 모습으로 교문을 우르르 빠져나오는 학생들의 모습이 소개된 적이 있는데요. 방학을 맞은 초등학생들이 가장 무섭다는 우스갯소리와 함께 말입니다.

저도 아이가 방학을 맞으면 이거 해줘야지, 저거 해줘야지 하면서 계획을 많이 세운답니다. 학교 다니느라 고생했으니 방학 동안은 실컷 쉬게 해주고, 뭐든 잘 해줘야지 하면서요. 하지만 정작 방학이 되면! 시간에 쫓기고 힘에 부치고 한계에 부닥쳐 모든 게 그저 맘으로만 그치게 되는데요. 아마 워킹맘들의 한결같은 고민일 테죠?

얼마 전 저는 방학 맞은 아이에게 주려고 군것질거리를 한 아름 사들고 왔어요.

'누네띠네', '설레임', '뿌셔뿌셔', '꼬깔콘', '빠다코코낫'……. 과자이름이 참 다양하네요. 한번 읽어봤을 뿐인데 입에 착 달라붙는 게 아이들 외우기도 참 쉽겠다는 생각이 드는 찰나, 저도 모르게 그만 "읽을 땐 '누네띠네'가 맞지만 쓸 때는 **눈에 띄네**가 맞는 거야" 하면서 넌지시 입을 열고 말았습니다. 어딜 가나 오탈자부터 고치고 보는 직업병이 도진 거죠.

과자이름은 고유 명칭이니까 맞춤법에 맞고 틀리고를 떠나 사람들의 입에 잘 오르내리는, 익숙한 단어를 찾다 보니 발음 나는 그대로 쓴 경우가 많은데요. 그러면 어떻게 써야 바른 표현일까요?

먼저 '누네띠네'는 연음하여 소리 나는 대로 표기했기 때문에 쉽게 기억에 남죠. 저도 어릴 적부터 참 좋아하는 과자입니다만, 맞춤법은 '누네띠네'가 아니고 '눈에 띄네'가 맞습니다. 여기서 연음이란 앞 음절의 끝 자음이 모음으로 시작되는 뒤 음절의 초성으로 이어져 나는 소리로 '봄이'가 '보미'로, '겨울이'가 '겨우리'로 소리 나는 것 따위를 말합니다.

설레다는 '설레어(설레)/설레니'로 변형되고 자동사로만 쓰입니다. '설레이다'는 '설레다'에 남에 의해 움직이는 뜻을 지닌 피동접사 '이'를 끼워넣은 것인데요. 내 마음이 들뜨고 두근거리는 것은 순전히 나의 의지이지 남의 의지가 아니죠. 그러므로 피동접사를 넣을 필요가 없습니다. 따라서 '**설레임**'은 **설렘**으로 써야 맞습니다. 목메이다, 헤매이다, 되뇌이다 등도 마찬가지로 **목메다, 헤매다, 되뇌다**로 써야 하지요.

하지만 이 제품은 마음이 두근거

'雪來淋 : 눈처럼 와서 이슬로 방울져 떨어지다'라고 적힌 제품 포장지

리는 설렘을 말하는 게 아닙니다. 제품을 직접 보니 '雪來淋(설래림; 한자는 '설래림'이 맞지만 음이 비슷한 '설레임'으로 쓴 듯하다)'이라는 한자가 적혀 있네요. 제품 관계자에 따르면 "사람들에게 감성적으로 접근할 수 있는 이름을 짓고 싶었다. 얼린 셰이크가 녹을 때 나는 느낌이 눈과 비슷해 눈[雪]이 들어가면서 감정적인 이름을 찾다가 설레임(눈처럼 와서 이슬로 방울져 떨어지다)이 좋겠다는 결론을 내렸다"고 합니다. 고로 이 과자 이름은 잘못된 우리말 표기가 아닌 한자를 조합한 새로운 언어로 봐야겠군요!

'뿌셔뿌셔'는 무언가를 여러 조각이 나게 두드려 깨뜨리는 '부수다'를 된소리로 발음한 것이지만, 표준어로 인정되지는 않습니다. **부숴부숴**가 맞는 말입니다.

· 제품특징 ·
- 뿌셔뿌셔 불고기맛은 바삭하고 고소한 면발에 불고기맛 스프를 골고루 뿌려서 먹는 라면 형태의 부숴 먹는 라면 스낵으로서 어린이와 청소년의 성장 발육에 필수적인 칼슘을 1일 권장량의 20%(138.7mg) 함유하고 있어 부족한 칼슘을 보충해드립니다.

· 맛있게 먹는 법 ·
- 봉지를 열고 스프를 꺼낸 다음 면을 드시기 알맞게 부순 후 불고기맛 스프의 양을 기호에 맞게 넣고 충분히 흔들어 드십시오.

· 제품이름 설명 ·
- 뿌셔뿌셔는 깨뜨리는 느낌을 재미있게 표현한 것으로 표준어는 '부숴부숴'가 맞습니다.

과자제품 뒷면에 가상으로 '맞춤법에 맞는 이름'을 표시한 합성 이미지입니다.

미국 코넬대 브라이언 완싱크 박사 팀이 재미있는 연구를 했는데요. 네 살짜리 아이들 186명에게 한 번은 그냥 '당근'이라면서 주었고, 다른 날은 같은 당근을 'X-레이 눈빛 당근'이라고 이름을 붙여 주었습니다. 그 결과는 어땠을까요? 재미있는 이름을 붙인 당근을 두 배나 더 먹었다고 해요. 이는 채소에 대한 이미지도 바꾸면서 즐거움을 주고 식욕까지 돋게 만드는 심리! 결국 같은 음식이지만 다른 기대를 할 수 있고, 다른 경험을 할 수 있으니 기업들이 왜 이렇게 기억에 남는 이름을 지으려는지 이해가 갑니다.

다만 아이들이 주로 먹는 스낵류 이름이므로 앞쪽에 가상으로 만든 '뿌셔뿌셔'처럼 제품 어느 한쪽에나마 제대로 된 표현을 적어주는 것은 어떨까 생각해봅니다. 기업 입장에서는 과자도 팔면서 우리말도 알리고, 또 아이들은 과자도 먹고 우리말까지 제대로 알게 되는 일석이조의 방법이 아닐까요?

자~, 특별히 맛있는 퀴즈 나갑니다.
'꼬깔콘', '빠다코코닛'의 올바른 표현은 무엇일까요?

정답 고깔콘, 버터코코넛
1. '꼬깔'이 아니라 '고깔'이므로 '고깔콘'이 맞습니다. 고깔은 승려나 무당 또는 농악대들이 머리에 쓰는, 위 끝이 뾰족하게 생긴 모자입니다.
2. 외래어표기법에 맞추어 표기하면 버터와 코코넛이므로 '버터코코넛'입니다.

'사겨요'는 틀린 건가요?

애매한 소리 '우'

끼다/외다

여러분! 8월 31일이 짜장면의 '독립기념일'인 것, 알고 계세요? 2011년 이 날, **자장면**뿐 아니라 **짜장면**도 복수표준어가 됐는데요. 왠지 소스를 안 부은 듯한 '자장면'이란 말에 가슴 답답함을 경험했던 국민들은 "매우 후 련하다"는 반응을 보였답니다.

일상에서 자주 쓰는 말이 표준어 규정에 안 맞는 경우가 종종 있습니 다. 물론, 그걸 모두 '자장면'처럼 인정해줄 수는 없겠지요? 이번 시간에 는 준말로 표기할 때 조금 낯설게 느껴지는 모음 'ㅜ(우)'와 관련된 낱말 이야기를 해볼까 합니다.

다음 그림은 한 TV 프로그램의 장면입니다. 한 사람이 한마디 외친 이 후 전원이 구호를 외치는데요. "사겨라! 사겨라!" SNS 등에서도 이 같이 쓰는 경우가 종종 보이지요. 그런데 이 말은 맞춤법으로 보면 틀립니다. **사귀다**에 '어'가 붙어 변형되면 **사귀어라**가 맞거든요. 몸통이 되는 말이 살아야 되는 건데요. 다른 예를 들면 '주다→주어(줘)' 식입니다. 그런데 이 그림의 자막에선 'ㅜ'가 빠졌지요?

문제는 우리가 "사귀어라"고 말할 때, 4음절 아닌 3음절처럼 발음한다는 겁니다. 저 TV 프로그램처럼 말이죠. 그 소리를 억지로 준말로 표시하자면 오른쪽처럼 되겠지만, 저 글자는 한글엔 없습니다. "사:귀어.라!", 과연 대안이 있을까요?

또 다른 낱말을 볼게요. "담배 피우러 갑시다"와 "담배 피러 갑시다", 어느 쪽이 귀에 익으신가요? 맞춤법에 맞춘다면 **피우다**가 맞습니다. 하지만 일상에서는 물론 신문과 방송에서도 '피다'로 쓰는 사례를 많이 볼 수 있습니다. "바람 폈어?"('피웠어'가 맞는 말)도 같은 경우죠. 그런데 표준어 규정 울타리 안에는 합법적(?)으로 '우'가 사라진 말이 몇 개 존재합니다.

고인 물을 떠서 밖으로 버릴 때 '퍼'낸다고 하지요. 기본 꼴은 '푸다'인데 'ㅜ'가 사라졌습니다. 유일한 '우 불규칙' 동사입니다. 이 경우엔 오히려

인기 프로그램 「비정상회담」의 한 장면

28

'풔(×)'라고 하면 틀립니다.

띄어쓰기를 한다고 할 때 **띄다**는, 원래 '띄우다'가 맞지만 '우'가 빠진 것도 줄임말로서 인정받은 경우입니다. (반지 등을) '끼우다'도 **끼다**로 줄일 수 있고, '외우다'도 줄임말 **외다**로 쓸 수 있습니다. **밤샘하다** 역시 '밤새움하다'가 본말이지만 줄임말로서 인정됩니다.

▼ **표준국어대사전 검색**　　　　　　　　　　　화면 크기 ＋ | 기본 | － 　🔒 인쇄

띄다02 ㅣ [띠-]
활용 정보: [띄어[띠어/띠여], 띄니[띠-]]

　　　　　　　　　　　　　　　　　　　　　　　　　　　　　📋 목록 보기

「동사」
【…을】【…을(…과)】(('…과'가 나타나지 않을 때는 여럿임을 뜻하는 말이 목적어로 온다))
'띄우다04 「1」'의 준말.
　　¶ 두 줄을 **띄고** 써라./다음 문장을 맞춤법에 맞게 **띄어** 쓰시오./바삐 걷는 것은 아니었음에도 보행에 절도가 있었고 서로 간격을 **띄어서** 고개를 약간씩 숙인 채 묵묵히 다가오고 있었다.《박태순, 무너지는 산》‖ 우리는 부부가 더 이상 다투지 않게 남편의 자리를 아내의 자리와 적당한 간격으로 **띄어서** 놓았다. ‖ 이 두 단어는 **띄어야** 한다./우리는 일정한 간격으로 벽돌을 **띄어서** 세웠다.

밤샘-하다
활용 정보:

　　　　　　　　　　　　　　　　　　　　　　　　　　　　　📋 목록 보기

「동사」
잠을 자지 않고 밤을 보내다. 늑철소하다 · 철효하다 · 통소하다.
　　¶ 병원에서 **밤샘하던** 날/이틀을 **밤샘하여** 보고서를 다 썼다./사흘 밤을 **밤샘하다시피** 했다./초상집에서는 으레 **밤샘하기** 마련이다./밤에는 차일을 친 마당에까지 **밤샘**하는 사람들로 붐볐고….《박경리, 토지》

「본」 밤새움하다.

끼다03 🔊 발음 듣기
활용 정보: [끼어[-어/-여][껴[껴:]), 끼니]

　　　　　　　　　　　　　　　　　　　　　　　　　　　　　📋 목록 보기

「동사」
[1] 【…에 …을】
「1」 '끼우다01 「1」'의 준말.
　　¶ 겨드랑이에 책을 **끼다**/손가락에 연필을 **끼다**/옆구리에 가방을 **끼고** 간다.
「2」 '끼우다01 「2」'의 준말.
　　¶ 소켓에 전구를 **끼다**/눈에 콘택트렌즈를 **끼다**/소매에 팔을 **끼다**/손가락에 반지를 **끼다**/손에 장갑을 **끼다**.

　　　　　　　　　　　　　　　　　　　　　　표준국어대사전 검색 결과

이처럼 '우'의 지위는 애매한 때가 있습니다. 그러면 '사귀다'와 '피우다'도 이런 경우로 인정받을 수 있을까요? '사귀다→사겨(×)'는 말의 몸통을 바꾼 것이기 때문에, 기본형이 '사기다'로 바뀌지 않는 한 어려워 보입니다. 어색하더라도 현실적으로 표기는 '사귀어'로 할 수밖에 없습니다.

하지만 '피우다'는 좀 달라 보입니다. '피다'가 '피우다'의 줄임말로 인정받는다면 "담배 펴"를 좀 더 마음 편하게(?) 쓸 수 있을 겁니다. 앞의 예로 든 단어들처럼 말이죠.

국어사전에 변화가 생기려면, 무엇보다 우리말 사용자들이 많이 쓴다는 '보편성'이 필요합니다. 내 주변 사람들이 "담배 펴"라고 한다고 해도 다른 곳에선 "담배 피워"를 많이 쓸 수도 있겠지요. 만약 보편성이 인정된다면 심의를 거쳐 수정이 될 수 있답니다.

마무리 문제 풀이입니다.

다음 ' ' 표시 단어 중 맞춤법에 어긋나지 않은 것은 무엇일까요?

1. 어제 날짜로 가격이 '바꼈어요'.

2. 쟤는 늘 게으름 '펴'.

3. 좋은 글 '퍼가요~'.

4. 담배 '핀' 놈 누구야?

정답 3번

1번은 '바뀌었어요'가 맞습니다. 기본형은 '바뀌다'입니다. / 2번은 현재로선 '피워'가 맞습니다. / 4번도 '피운'으로 써야 합니다.

3번은 기본형이 '푸다'지만 '우 불규칙'이 적용되므로 맞습니다.

'앙되요'는 안 돼요?… '안 된대요'

되/돼, 데/대

며칠 전 회사 코앞에 있지만 늘 마음뿐이던 청계천을 작정하고 걷기로 했는데요. 나무와 풀, 제각각 사연 있는 다리 등 늘 스쳐 지나던 것들이 사진 찍히듯 눈에 선명히 들어오네요. 그러다 '앙되요'라고 적힌 테이블 앞에서 걸음을 멈추었습니다. 어떤 개그프로그램이 생각나서 피식 웃었죠. 그런데 얼마 후 같은 자리 문구가 '앙돼요'로 고쳐 있더군요. 정확히 말하면 '앙'까지 '안'으로 고쳐야 하지만, 그래도 '되'와 '돼'를 구분해 맞게 고쳐놨구나 하는 생각에 기쁘기까지 했답니다.

서울 청계천 청계광장 주변에 설치된 탁자에 붙은 스티커. 「개그콘서트」의 유행어를 활용한 말이지만, '되요'는 틀린 말이고 '돼요'가 맞는 말입니다. 지금은 오른쪽처럼 맞게 고친 스티커가 붙었습니다.

31

우리가 헷갈리는 말 중 '되'와 '돼'가 있는데요. 발음이 비슷해서 구분하기가 쉽지 않답니다. 그럼 어떻게 구별할까요? 두 가지 방법을 알려드릴게요.

'하', '해'를 넣어서 구별하기

헷갈리는 자리에 '하', '해'를 넣으면 되는데요. '하'가 적합하면 '되', '해'가 적합하면 '돼'가 맞는 말입니다. 예를 들어볼게요.

"이거 먹으면 안 (되/돼)요."

여기에 '하'와 '해'를 대입해보세요.

"이거 먹으면 안 하요."

"이거 먹으면 안 해요."

사실 두 문장 모두 좀 어색하기는 하지만, 그래도 '해'를 넣은 뒷문장이 맞는 말이겠죠. 그럼 **안 돼요**가 올바른 표현이랍니다.

'되어'로 대치되는지 살펴보기

두 번째 방법은 '되어'로 대치할 수 있는가를 살펴보는 것입니다. 만약 '되어'로 대치된다면 '돼'로 쓰는 게 맞아요.

다시 위의 예시 문장을 볼까요?

"이거 먹으면 안 되어요."

'되어'로 대치가 되네요. 그러므로 **안 돼요**가 맞는 표현이랍니다.

이와 비슷한 경우로 '대'와 '데'도 있습니다. 특히 '-데요'와 '-대요'가 헷갈리는데요. '-데'는 "말하는 사람이 직접 경험하여 알게 된 사실을 보고 하듯이 말할 때나 그것을 회상해서 일러줄 때"에 '-더군', '-하더군'의 의미로 쓰이고요. '-대'는 '-다고 해'가 줄어든 말로 "남이 말한 내용을 간접적으로 전달할 때" 씁니다.

그럼 어떻게 구분할까요? 예를 들어 알아볼게요.

- 배가 고프**데**요.
- 배가 고프**대**요.

'-데요'는 '-더군요'의 의미를 지닌다고 했죠. 그러므로 첫 번째 문장은 "배가 고프더군요"로 바꿔 쓸 수 있습니다. 그럼 두 번째 문장은 어떤 뜻일까요? '-대요'는 남이 말한 내용을 간접적으로 전달하는 종결어미로 '-다고 해요'가 줄어든 말입니다. 그러므로 "배가 고프다고 해요"로 고칠 수 있겠지요?

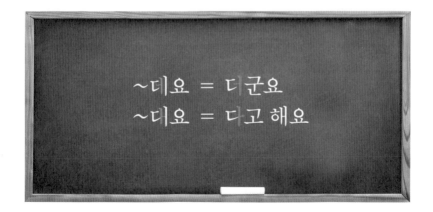

33

문제 나갑니다. 각 문장에서 맞는 것은 무엇일까요?

1. 오늘 시간 되/돼?

2. 공연장에 사람이 많이 왔대요/왔데요.

정답 1. 돼 2. 둘 다

1번에 '하'와 '해'를 각각 대입해보면, "오늘 시간 하/시간 해?"가 됩니다. 둘 다 말은 어색하지만 '시간 하'보다는 '시간 해'가 더 자연스러운 표현이고, '시간 되어'로 대치될 수 있으므로 "오늘 시간 돼?"가 맞습니다.

2번에서는 '왔대요/왔데요' 모두 맞는 말입니다. 각각 뜻이 다른데요. '왔대요'는 "왔다고 해요"로, '왔데요'는 "왔더군요"로 바꿔 쓸 수 있습니다.

"열정에게 기회를?" 깨진 독립구단의 꿈

-에/-에게

"열정에게 기회를!"

야구를 좋아하는 분들이라면 한번쯤 들어봤을 겁니다. 2014년 9월11일 해체를 선언한 국내 야구 최초의 독립구단 '고양 원더스'의 슬로건이지요. 슬로건에서 짐작할 수 있듯이 프로구단의 부름을 받지 못한 실패한 인생들에게 다시 일어설 기회를 마련해준다는 취지에 많은 이들이 공감하고 응원을 보냈는데요. '야신(야구의 신)'이라 불리는 김성근 감독(현 한화 이글스 감독)의 혹독한 조련을 받으며 실제 23명의 선수가 프로팀에 입단하는 기적도 일궈냈습니다. 하지만

"열정에게 기회를!"

CHANCE FOR THE PASSION

Chance for the Passion, 참 멋진 말이지요?

구단이 해체되면서 결국 "열정에게 기회를!"로 대변되던 고양 원더스의 꿈도 멈춰 서게 됐지요.

서설이 조금 길어진 것 같은데요. 당시 저는 야구광인 초등생 2학년 아들 녀석과 함께 조간신문에 실린 소식을 안타까운 마음으로 읽어 내려가다가 순간 직업병이 도지고 말았습니다. "열정에게 기회를!"이라는 슬로건이 눈에 거슬린 것이지요.

어떤 행동이 미치는 대상을 나타낼 때 '에게'나 '에'를 쓸 수 있습니다. 그런데 쓰임에는 차이가 있어요. 어떻게 구분하면 좋을까요? 음, 유정(有情)명사와 무정(無情)명사를 구분하면 간단한데요. 명사는 감정의 유무에 따라 유정명사와 무정명사로 나뉩니다.

'유정명사'는 말 그대로 "감정을 지닌 명사, 감정을 나타낼 수 있는 대상"입니다. 엄마, 아들, 강아지 등 자신의 감정을 표현할 수 있는 사람이나 동물을 가리키는 명사죠. 반면 '무정명사'는 "감정이 없고 자신의 감정을 나타낼 수 없는 명사"를 가리킵니다. 저녁, 동화책, 나무, 정부, 업체 등 유정명사를 제외한 모든 명사가 여기 속해요. 가끔 식물은 유정명사가 아니냐고 묻는 분들이 계시는데요. 감정을 느낄 수 있다 하더라도 자신의 감정을 표현할 수 없기 때문에 무정명사로 분류됩니다.

유정명사와 무정명사를 구분하셨다면 '에게'와 '에'의 구별도 간단해집니다. '-에게'는 유정명사, '-에'는 무정명사 뒤에 쓸 수 있지요.

여기서 한 가지! 기억해두면 좋은 것은 유정명사 다음에 '에게'가 붙은 자리에는 언제나 '한테'를 대체해 쓸 수 있지만 무정명사 뒤에는 '에'만 쓰

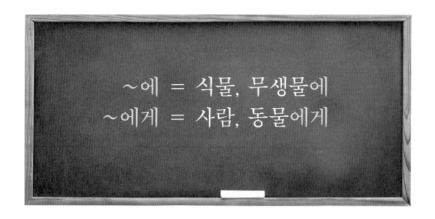

~에 = 식물, 무생물에
~에게 = 사람, 동물에게

일 수 있다는 거죠.

자~, 그렇다면 "열정에게 기회를!"이라는 슬로건은 열정이 무정명사이므로 "열정에 기회를!"이라고 쓰는 게 맞겠지요? 다만 이 경우는 열정을 의인화한 것으로 "열정이 있는 사람에게 기회를"이라는 의미로 이해되므로 꼭 틀렸다고 볼 수만도 없을 것 같아요.

다시 '고양 원더스' 이야기로 돌아가볼게요. 이제 패자들이 그려내는 작은 신화를 지켜보는 설렘은 사라졌습니다. 하지만 그렇다고 그들이 소중하게 품어온 열정마저 송두리째 사라진 것은 아닐 겁니다. 그들이 다시 한 번 일어설 수 있도록 마음속으로 외쳐봅니다.

"열정에 박수를!"

다음 중 맞춤법에 맞게 쓰인 문장은 어느 것일까요?

1. 세상에게 도전하라.

2. 꽃한테 물을 주었다.

3. 나라에 요구했다.

4. 기업에게 묻고 싶다.

정답 3번

　　세상, 꽃, 기업은 모두 무정명사이므로 "세상에 도전하라", "꽃에 물을 주었다", "기업에 묻고 싶다"로 써야 합니다.

'내꺼' 아닌 '내거' 같은 너?

내거/내꺼

2014년은 그릇, 가전, 가구뿐만 아니라 음악, 패션까지 '컬래버레이션 (Collaboration)'이 대세였습니다. 특히 가요계는 '컬래버 열풍'이었다고 해도 과언이 아닐 텐데요. 서태지와 아이유까지 이 대열에 합류하는 등 그 열풍은 아직도 현재진행형입니다. 하지만 뭐니 뭐니 해도 2014년 컬래버의 정점은 소유와 정기고가 함께 부른 「썸」[2]이 아니었을까요? 여러분은 어떻게 생각하세요?

"참 가사 잘 지었다. 저땐 저랬었지"라고 혼잣말을 하며 풋풋했던 그 시절, 설레던 그때를 떠올리며 가사를 한번 찾아봤어요.

"요즘 따라 내꺼인 듯 내꺼 아닌 내꺼 같은 너,

니꺼인 듯 니꺼 아닌 니꺼 같은 나

---

2 남녀가 본격적인 연애를 시작하기 전 미묘한 관계를 일컫는 말로, 2014년 신조어 중 하나

이게 무슨 사이인 건지 사실 헷갈려,

무뚝뚝하게 굴지마~"

어……. 그냥 들을 때는 몰랐는데 '내꺼'라고? **내거**로 써야 맞는 말인데.
그런데 이를 또 "내거인 듯 내거 아닌 내거 같은 너"라고 불러야 한다니
느낌이 살지 않습니다. 생기려던 '썸'도 다시 사그라질 것 같아요. 말할 때
는 '꺼'인데 쓸 때는 왜 '거'일까요?

• 오늘부터 열심히 할 거야!

'-ㄹ' 뒤에 연결되는 예사소리 'ㄱ, ㄷ, ㅂ, ㅅ, ㅈ'은 된소리(ㄲ, ㄸ, ㅃ, ㅆ, ㅉ)
로 발음한다는 규정이 있습니다. 따라서 '할 거야'는 [할 꺼야]로 발음하
지만 표기할 땐 **할 거야**가 맞지요. 반면에 '-ㄹ까, -ㄹ꼬, -리까, -ㄹ쏘냐'

처럼 의문을 나타내는 어미들은 모두 소리 나는 대로 씁니다. "얼마나 예쁠까", "왜 이리 추울꼬", "제가 가리까", "내가 너에게 질쏘냐"가 맞는 거죠. 요약하면 '-ㄹ까' 등처럼 의문을 나타내는 어미들은 된소리로, 그 외에는 모두 예사소리로 표기한다고 기억하면 됩니다.

그러면 '내거'는 의문문이 아니므로 [내꺼]로 발음돼도 '내거'로 써야한다는 게 맞을까요? 아닙니다. '내거'의 '거'는 'ㄹ거'가 아니므로 위 규정에 적용되지 않습니다. 여기서 말하는 '거'는 '것'을 구어적으로 이르는 말이죠. 그러면 [내꺼]로 발음하고 '내거'로 쓸 이유는 없을 것 같다는 생각이 드는데요. 왜 **내거**로 써야 할까요? 이에 대해 국립국어원에 문의한 결과 다음과 같은 답변을 받았습니다.

국립국어원 @urimal365 · 7월 14일
질의하신 '내 거야'는 표준발음이 사전에 올라 있지 않습니다. 다만 '네 거 내 거 따지지 말자./그 책은 내 거다'와 같은 문장에서 이 말의 현실 발음은 [내거]가 아닌 [내꺼]로 추정할 수 있습니다. 그러나 현재 전문서에서도 이런 환경에서 일어나는 된소리되기 현상을 기술하고 있지 않아 그 이유를 설명하기 어렵습니다.

↩ ⇄ ★ ...

발음이 왜 [내꺼]가 되는지 그 이유를 설명하기 어렵고, 더군다나 **내 거**로 띄어 써야 맞다고 하네요. '-읍니다'가 '-습니다'로 바뀌고 '짜장면'이 '자장면'과 복수표준어로 인정된 것은 모두 "소리 나는 대로 적는 것을 원칙"으로 했기 때문이죠. 이는 대부분 사람이 그렇게 말하고 쓴다는 얘기이기도 합니다. 많은 사람이 쓰는 말을 명확한 이유도 없이 틀렸다고 스트레스를 주기보다 인정해주는 것이 언어생활을 더 역동적으로

만들 수 있지 않을까요? "많이 쓰는 말을 표준어로 인정해주는 게 어떨
지……." 이번에 더욱 절실해진 생각입니다.

문제 나갑니다. 다음 중 틀린 문장은 어느 것일까요?

1. 같이 가줄게.

2. 조심할껄.

3. 그렇게 놔둘쏘냐.

정답 2번

　　'할껄'은 '할걸'로 써야 합니다.

취직하려면 '입문계'가 좋아요, '시럽계'가 좋아요?

발음이 비슷해서 헷갈려요①

인터넷에서 우스개로 도는 글입니다만, 비슷한 사례는 어렵지 않게 찾아볼 수 있습니다.

"입문계('인문계'를 뜻함)로 갈까요? 시럽계('실업계'를 뜻함)로 갈까요?"

'에이 설마 저런 걸……' 하실지도 모르겠습니다. 그렇다면 다음 글은 어떤가요?

"전 컴퓨터 쪽에 무뇌한이니, 인터넷에 관해선 묻지 마세요."

일상에서 발음이 비슷한 엉뚱한 단어를 쓰는 경우가 종종 있습니다. 위 문장에서 '무뇌한'은 "뇌가 없는 사람" 정도의 뜻일 텐데요. 자기 자신을 과격하게 낮추려는 의도라면 모르겠지만, 정확히는 **문외한**이 맞는 말입니다. 글자대로 설명하자면 "전'문'영역의 '외'부에

입문계 옆
시럽계?

우리말 발음이
이토록 까다로울 줄이야!

있는 사람"이라고 할 수 있겠네요.

다른 경우를 생각해봅시다. 남자친구와 헤어졌다면 뭐라고 설명하나요. 혹시 "나, 시련 당했다……"고 하시나요? '연'애에 '실'패했다면 **실연**이 맞는 말입니다. 물론 실연을 당하면 시련의 시기를 지나겠지만요.

뇌신경 세포 손상으로 인한 질병인 '치매'와 '침해'를 헷갈려 하는 경우도 있는데요. '침해'는 말 그대로 "'침'범해서 '해'를 입힌다"는 뜻입니다.

이 밖에 인터넷에 도는 '틀리기 쉬운 맞춤법'에는 눈길이 자꾸 가는 사례들이 많은데요. 1위에 오른 '어의(임금의 의사, 또는 임금의 의복)없다'는 **어이없다**를 잘못 쓴 말이고, '문안하다('안'부에 대해 질'문'하다)'는 **무난하다**(난해함이 없다)를 잘못 쓴 겁니다.

한 설문조사에선 에어컨의 실외에 두는 기계인 '실외기'를 '시래기(무청이나 배추 잎을 말린 것)'로 쓰는 경우가 '충격적인 맞춤법 실수' 상위권에 오르기도 했습니다.

어린 시절 저는 이런 영어 실수를 한 적이 있습니다. TV에서 외국인이 뭐라고 얘기를 하는데 한국(Korea)에 대한 얘기를 하는 것 같더군요. 궁금해서 화면 자막을 봤는데 전혀 상관없는 얘기였습니다. 제가 들은 건 '코리아(Korea)'가 아니라 '커리어(career, 직업경력 또는 직장생활)'였는데요. 영어에 '문외한'이라 발음이 비슷한 두 단어를 구분할 능력이 없었던 거죠.

앞의 여러 사례와 같은 상황을 피하려면 우선 헷갈리는 두 단어가 존재한다는 것을 알아야 합니다. 그리고 각각의 뜻이 어떻게 다른지 구분할 수 있어야겠지요. 그러려면 잘 걸러진 글을 많이 접하는 게 필요할 텐데요.

영국에선 나이를 먹을수록 책 읽는 시간이 길어진다는 조사결과가 있습니다. 프랑스에서는 휴가기간에 TV·인터넷 시간을 줄이고 평균 책 세 권을 읽는다고 합니다.

반면 우리나라는 나이가 들수록 책에서 멀어지는데요. 학생들은 학년이 올라갈수록 읽는 책의 양이 줄고, 그나마 읽는 책도 입시와 관련된 것, 대학에선 취업과 관련된 것 위주라고 합니다.

마무리 문제입니다. 다음 ' ' 표시된 단어 중 맞는 표현은 어떤 것일까요?

1. 석면은 '바람물질'이라 건강에 해롭습니다.

2. 선생님, '오회말카드'에 이름을 잘못 썼는데 바꿔주세요.

3. 휴식시간에 게임하는 걸 왜 뭐라고 하나요? '사생활 침해' 아닌가요?

4. 한 경기 5홈런? 그건 '유래없는' 일입니다.

정답 3번

1. '발암물질(암을 유발하는 물질)'이 맞습니다.

2. 'OMR카드'입니다. 시험 답안을 적는 카드로 컴퓨터가 맞고 틀림을 분석합니다.

4. '유례없는(유사한, 같은 사례가 없는)'이 맞습니다.

엄마가 낳냐, 아빠가 낳냐?

나아(낫다)/낳아(낳다)

얼른 나아

오랜만에 얼굴도 가물가물한 동갑내기 친척을 만나기로 했습니다. "엄마의 사촌동생의 아들인데…… 나하고는 몇 촌 관계지? 부모 자식 사이는 1촌이니까, 계산하면 6촌(1+4+1)……?"

그런데 저녁 친척모임에 그 사촌이 감기에 걸려 못 나온다고 'ㅇ톡'이 왔어요. 답을 하다가 순간 움찔했습니다. 촌수 따지는 것처럼 막상 글로 쓸 때면 헷갈리는 말이 있잖아요? '나아(낫다)/낳아(낳다)'도 그런 경우 중 하나입니다. 뭐를 써야 맞는 걸까…… 고민되시죠? 한글날 즈음 실시된 한 설문조사에선 "감기 빨리 낳

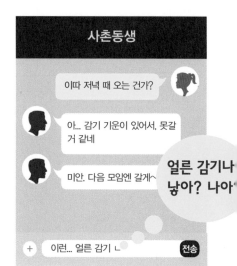

'낳아', '나아'…… 어렵다, 어려워!

으세요(×)"가 거슬리는 맞춤법 1위에 오르기도 했습니다. 두 단어의 뜻을 한번 비교해볼까요?

낫다[낟ː따]

"병 등이 고쳐지다(예: 상처가 낫다)" 또는 "~보다 더 호감이 가다, 상황이 앞서다(예: 저 옷보다 이게 더 낫다)"의 뜻입니다.

낳다[나ː타]

"(아이) 출산하다, 어떤 결과를 이루다"의 뜻이죠. "감기 낳으세요(×)"는 바이러스에게 하는 얘기가 아니라면, 매우 당황스러운 뜻이 됩니다.

자, 두 낱말은 발음도 조금 다릅니다. 뜻은 정반대의 느낌일 정도로 다르고요. 그런데 대체 왜 헷갈릴까요? 모양이 비슷한 '낮다'는 별로 헷갈리지 않는데 말이죠.

첫 번째는 발음 때문일 텐데요. 특히 'ㅅ'이 빠지며 '낫다→나아'로 활용될 때는 '낳아'와 발음이 같아 혼동하기 쉽습니다. 게다가 있던 받침이 사라지는 게 어색하기도 하고요. 이렇다 보니 "감기 빨리 나으세요"라는 글이 자연스레 안 나오게 되는 것이죠.

'낫다→나아'에서 'ㅅ'이 빠지는 건 '부어(←붓다)', '저어(←젓다)' 등에서 보이는 '불규칙 활용' 현상인데요. 일부 지방에서는 '나아라' 대신에 '낫아라' 하는 사투리를 쓰기도 합니다. '낫아라'가 표준어였다면 '낳아라'와 구별하기 편했을지도 모르겠네요.

참고로 '벗어(←벗다)', '솟아(←솟다)' 등에서는 불규칙 현상이 없습니다.

두 낱말이 혼동되는 다른 이유는 '좋다'의 영향으로 보입니다. '낫다'와 비슷한 뜻의 말이지만 '좋다'의 'ㅎ' 받침이 언뜻 닮은꼴인 '낳다'와 헷갈리게 하거든요. '낫다'는 상황에 따라서 '좋다'로 바꿔 쓸 수 있습니다.

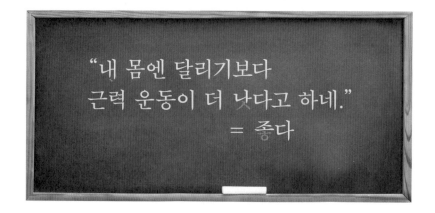

인터넷에선 "짜장면이 낳냐, 짬뽕이 낳냐(×)"처럼 일부러 맞춤법을 틀리는 '놀이'가 눈에 띕니다. 어떻게 이런 걸 틀리냐는 생각에서 놀이로 이어졌을 텐데요. 하지만 이런 장난이 어린 학생의 맞춤법 실력에 악영향을 줬다는 분석도 있습니다.

놀이는 재미를 **낳지만**, 잘 알고서 즐기는 것이 **낫습니다**.

문제로 마무리합니다. 다음 ' ' 표시된 말 중 맞춤법에 어긋난 것은 어떤 것일까요?

1. 황금알을 '낳은' 거위

2. 좀 무리를 했더니 병이 '났어'.

3. 일 그만하고 얼른 병 '나으'세요.

4. 이번 여행 장소는 중국이 '낮을'까, 일본이 '낮을'까?

정답 4번

　　'나을까'로 써야 맞습니다. 2번은 병이 들었다는 뜻입니다.

'아햏햏'보다 난감한 말, '어떻해, 않해?'

어떻게/어떡해, 안/않

어떡하지?

10여 년 전 인터넷에서 유행한 낯선 말이 있었습니다. 바로 '아햏햏!'이죠. 한 인기 웹사이트의 댓글 오타에서 시작된 것으로 추정되는 이 말은 뜻뿐만 아니라 어떻게 읽어야 될지 몰라 더 눈길을 끌었는데요. 2005년 국립국어원 「새국어소식」 7월호에 이와 관련한 글이 실리기도 했습니다.

어떻해

뭐라? 어떻게 읽으라고(취화선 포스터를 재미있게 변형한 것입니다)

사실 우리말에서 'ㅎ' 받침에 바로 이어 'ㅎ' 소리가 나오는 사례는 찾기 어렵습니다. 굳이 찾자면 'ㅎ' 두 개를 붙여 읽은 '히읗히읗' 정도가 있겠네요. 그런데 언제부턴가 이 같은 사례가 종종 눈에 띕니다. 대표적인 게 바로 '어떻해(×)'입니다. 아는 분들도 많겠지만 사실 잘못된 표기이죠. 이 말은 '어떻게 해'와 '어떡해' 사이의 어정쩡한 존재인데요.

어떻게 해 → 어떡해

그림에서 보다시피 **어떡해**는 '어떻게 해'의 준말입니다. '어떡해[어떠캐]'와 '어떻게[어떠케]'의 발음이 비슷하다 보니 헷갈려 하는 분들이 꽤 있는 듯합니다. 방송 자막에서도 틀린 사례가 간혹 보입니다. 하지만 말이 줄어든 과정을 이해한다면 구분하기는 쉬워집니다.

'어떻해(×)'처럼 자주 틀리는 말이 또 있는데요. '않하다(×)'가 그것입니다. 이 말은 '아니하다'가 줄어 '안 하다', 그 다음에 '않다'로 줄어든 것으로 이해할 수 있는데요(표준국어대사전에서는 **아니하다→않다**만 인정합니다. '안 하다'는 띄어쓰기를 해야 합니다). '않하다(×)'를 굳이 풀어 쓰자면 '아니하하다'가 되니 좀 이상하죠?

우리말 중에는 줄어든 말이 꽤 있습니다. 특히 일상 대화에서 이런 말을 많이 쓰는데요. 짧게 말하고도 의미 전달이 충분히 된다면 이쪽이 더 편할 겁니다.

옛날 말인 듯한 느낌의 **어찌하여서** 대신 '(→어찌해서→)어째서'를 더 많이 쓰고, "이것으로 할래" 대신 "이거로 할래"라고들 합니다. 또 공식적으로 인정받는 표기는 아니지만 "큰일 났어"라 하지 않고 "클났어"라고 하기도 하지요.

이런 낱말들도 말이 줄어든 과정을 생각해보면 정확한 표기를 이해하는 데 도움이 될 겁니다.

'아햏햏'의 발음을 얘기하지 않았는데요. 국어 발음 규칙을 적용해보면 [아해탣]입니다. '어떻해(×)', '않해(×)'에 이 규칙을 대보면 쓸 때 생각했던 것과는 다른 발음이 나오는 걸 알 수 있습니다.

문제입니다. ' ' 표시된 말은 모두 줄어든 꼴인데요. 맞춤법이 틀린 것은 무엇일까요?

1. 좀 전에 시작하는 거 같더니 '금세' 다 했네.

2. 수고했다. 이 정도면 '됬어'.

3. 씨름 대회에서 아이언맨이 배트맨을 '밭다리걸기'로 이겼어.

4. '오랜만에' 바다에 놀러 왔어.

정답 2번

'되었어'를 줄이면 '됐어'가 맞습니다.

1. 금시에 → 금세 / 3. 바깥다리걸기(다리 바깥쪽 걸기)의 뜻입니다. / 4. 오
래간만에 → 오랜만에

밀어서 '잠굼' 해제라고요?
'잠금' 해제죠!

담그다/담구다, 잠그다/잠구다, 치르다/치루다

동네 마트엔 배추·무·총각무 등이 켜켜이 쌓여 있고, 뉴스에선 배춧값이 떨어졌다는 기사가 넘쳐나고, 아침 TV 정보 프로그램에선 주부들의 관절과 허리건강에 대한 의학정보가 쏟아지는 때. 할머니, 어머니가 유난히 바빠지는 때. 예! 바로 김장철입니다.

여러분은 집에서 김장할 때 어머님을 잘 도와드리나요? 방에 콕 박혀 있다가 "얘, 나와서 보쌈하고 김칫소 먹어라!" 하면 냉큼 달려 나가 맛나게 먹고 다시 쏙 들어오나요? 흐음, 어쩐지 본인 이야기 같다고요?

김장 경력이나 김치 담그는 실력이 고만고만한 저는 시간이 부족하다는 핑계로 곧잘 김치를 사 먹습니다. 물론 양가에서 얻어올 때도 있고요. 그런데 언젠가부터 사 먹는 김치가 비싸다는 생각이 들더군요. 양념도 너무 강하고요. 그래서 지난겨울엔 '나도 김장 한번 해볼까' 크게 마음먹고 용기를 냈답니다. 주말 내내 고군분투하며, 식구들을 독려하여 김장을 했지요. 맛이야 장담할 수 없었지만, 가족을 위해 건강한 재료로 정성껏 만들었다는 데 자부심마저 느껴지더군요.

자, 그런데 우리, 김장 이야기만 하고 넘어가면 재미없지요? 여기서 질문 하나 나갑니다. "김장은 담글까요? 담굴까요? 담을까요?" 잘 모르겠지요? 아래 대화 내용을 한번 들어봅시다.

"김장 담구셨어요?"
"아니요. 다음 주에 담으려고요."
"저희는 어머님이 담궈서 보내주세요."
"요즘 김장을 직접 담는 분들이 많네요. 저희는 사먹어요."
"어휴, 우리 집은 남편이 김치를 좋아해서 작년에 150킬로나 담궜답니다."

김장은 함께 담가야 제맛이죠!

김장철, 동네에서 쉽게 들을 법한 이야긴데요. 어떤 게 맞는 말일까요? "김치·술·장·젓갈 따위를 만드는 재료를 버무리거나 물을 부어서, 익거나 삭도록 그릇에 넣어 두다"라는 뜻으론 **담그다**를 써야 합니다. 따라서 모두 틀린 말이네요. '담으려고', '담는 분들'의 '담다'는 "어떤 물건을 그릇 등에 넣는다"는 뜻이고요. '담궈서'의 '담구다'는 아예 사전에 올라 있지 않습니다. '담다'의 경우 일부 지역에서 '담그다'의 뜻으로 쓰이지만 표준어는 아니지요. 어떤 게 맞는 말인지 헷갈릴 때는 '김장하다'가 한 단어이므로 "엄마, 김장했어요?"라고 물으면 됩니다.

이와 비슷하게 자주 틀리는 말로 **잠그다**, **치르다**가 있습니다. "현관문 잘 잠궜어?", "시험 잘 치뤘어?" 등으로 쓰이는 경우인데요. 이는 '잠그다'의 기본형을 '잠구다'로, '치르다'의 기본형을 '치루다'로 잘못 알고 있기 때문에 일어나는 실수입니다. '잠그다'는 **잠가**, **잠그니**로 활용되고, '치르다'는 **치러**, **치르니**로 활용되지요. 따라서 앞 문장들은 "현관문 잘 잠갔어?", "시험 잘 치렀어?"로 고쳐 써야 맞습니다.

'잠그다'는 휴대폰 바탕화면에 '잠굼 해제'가 아니라 **잠금 해제**라고 뜨는 걸 생각하면 쉽게 이해될 거예요. 또 '치르다'는 "병을 앓아 치러 내는 일"을 말하는 **병치레**가 '병치뤠'가 아님을 떠올리면 좀 더 쉽게 기억할 수 있겠지요?

밀어서 잠금 해제

문제입니다. 다음 보기 중 **틀린** 말은 몇 번일까요?

1. 낚시를 물에 '담갔다' 건졌다 하는 것을 담금질이라고 하죠.

2. 열쇠를 넣고 차 문을 '잠궈버렸어'. 어쩌지!

3. 돌잔치 행사는 덕분에 잘 '치렀어'.

정답 2번

　'잠궈버렸어'를 '잠가버렸어'로 써야 합니다.

알아도 틀리게 쓰는 말

바라/바래

"크리스마스 전날 소개팅 하기로 했어."

"ㅋㅋ 잘 되길 바라."

가상 메신저 대화 내용인데요. 두 번째 문장이 자연스러우셨나요, 아니면 어색하셨나요? '자주 틀리는 맞춤법'에 빠지지 않고 나오는 '바라/바래'. 맞춤법에 따르면 **바라**가 맞고 '바래'는 틀립니다. 하지만 실생활에서는 '바래'로 쓰는 사람들이 더 많아요. 어떤 이들은 '바라'가 맞는 걸 알면서도 상대방이 어색해 할까봐 '바래'라고 하거나 '바라네', '바랄게' 등다른 표현을 쓰기도 합니다. 그런데 '바래'는 왜 틀린 걸까요? 마음 편히쓸 수는 없을까요?

현재의 맞춤법으로 보면……

'놀다'의 몸통이 되는 말은 '놀', 이 말이 활용되면 '놀+아'가 돼서 **놀아**가됩니다. '먹다'는 '먹+어'로 **먹어**가 되지요. 몸통이 되는 말의 마지막 모음

58

이 'ㅏ'나 'ㅗ', 소위 양성모음이면 뒤에 '아'가 붙고, 다른 모음이면 '어'가 붙는 게 맞춤법 내용입니다.

바라다의 몸통은 '바라'니까 '바라+아→바라아'가 되는데요. '아' 소리가 '라'에 합쳐져서 '바라'가 됩니다. 이런 상황은 '가다(→가+아→가아)→가'나 '벅차다→벅차' 등에서도 나옵니다.

결과적으로 '바래, 바래요, 바랄 걸 바래라' 등은 틀립니다. **바라, 바라요, 바랄 걸 바라라**가 맞는데요. 어떤가요, 고개가 끄덕여지시나요?

「무한도전」의 한 장면입니다. 자료를 찾아보니 2006년에는 '바래'라고 썼는데요. 2013년의 자막은 '바라'로 바뀌었습니다. 맞춤법 지적에 따라 바로잡은 것으로 보입니다.

맞춤법에 허용된 '불규칙'

'하다'에 위 맞춤법을 적용해보면 어떻게 될까요?

'하다→하+아→하'일까요?

'하다'는 유일하게 '여 불규칙'이 적용되는 말입니다. 그래서 '하다→하+여→**해**' 식으로 변하지요. 이것은 '바래'를 허용하자는 주장의 근거로 자주 나오는 사례이기도 합니다. 다음 말도 비슷한 느낌인데요.

'파랗다, 커다랗다'는 '파랗아(파랗+아)', '커다랗아'가 아닌 **파래, 커다래**로 변합니다. 맞춤법에서 인정하는 'ㅎ 불규칙' 단어들인데요. 관련 설명에는 "ㅎ이 줄고 -아 대신 -애가 나타난다"고 적고 있습니다.

'불규칙 용언'을 다룬 한글 맞춤법 제18항은 "그 어간이나 어미가 원칙에 벗어나면 벗어나는 대로 적는다"고 돼 있습니다. 대중의 언어생활을 반영했다는 건데요. 국립국어원은 "맞춤법이란, 규칙을 먼저 정한 뒤 대중들에게 따르라고 하는 것이 아니라 대중들의 언어 현상을 반영해 만든 것"이라고 설명합니다. 이는 사람들의 언어생활 방식이 변하더라도 맞춤법이 앞서서 바뀌기보다 충분한 검증 시간이 필요하다는 뜻이기도 하지요.

'바라다→바래' 현상은 '나무라다(→나무래)', '놀라다(→놀래:'놀래다'는 놀라게 하다의 뜻)'에서도 종종 나타납니다. 모두 '-라다'라는 공통점이 있는데요. 하지만 '자라다, 모자라다'에선 이런 현상이 보이지 않습니다. 한편 '같다'도 활용될 때 '같아' 아닌 '같애(×)'라고 쓰이기도 합니다. 아래 가사를 한번 볼까요?

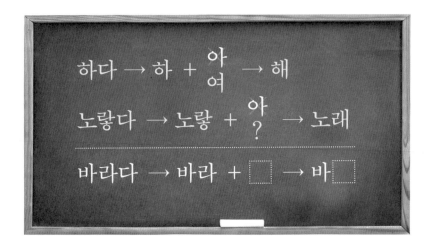

- "부디 좋은 사람 만나길 '바래'. 많은 사람들의 축복⋯⋯"(윤종신의 노래 「부디」(1995년) 중 일부)
- "같은 일이 생길까 비가 오기만을 또 '바랬어'"(김건모의 노래 「빨간우산」(1996년) 중 일부)

예, 약 20년 전에도 '바라/바래' 문제가 있었음을 보여주는 사례들이군요. **삐지다, 개기다, 내공** 등 사전에 없던 비표준어들이 최근 1~2년 사이 표준어로 인정받게 됐는데요. 자연스러운 언어생활을 위해 긴 시간 원칙에서 벗어난 말에 길을 터주는 것을 생각해볼 때가 아닐까 싶습니다.

문제입니다. 다음 중 표준어로 인정된 말이 아닌 것은 무엇일까요?

1. 사랑이 '뭐길래' 이렇게 힘든 걸까.

2. 왜 '맨날' 그런 얘기만 하나?

3. 이거나 그거나 '도찐개찐'이지.

4. '삐지지' 말고 밥이나 먹자

정답 3번

'도찐개찐'이 아니라 '도긴개긴'이 맞습니다. 1, 2번은 2011년 복수표준어로 인정되었습니다. '-길래'는 구어적인 표현으로 '-기에'와 함께 표준어이고, '맨날'은 '만날'과 동의어입니다. 4번 '삐지다'는 '삐치다'와 함께 복수표준어로 쓰입니다.

기사 속 틀린 맞춤법 10선

어머나, 기사에도 틀린 말이?

한정된 지면에 사실을 간결하고 쉽게 쓴 신문기사. 글쓰기를 공부하는 사람들에게 좋은 교재로 쓰였는데요. 기사의 주 소비 통로가 인터넷으로 바뀐 요즘, 품질 낮은 기사가 많이 늘었습니다. 급증한 기사량에 반비례해 소위 데스크[3] 기능과 교열[4] 기능이 약해지면서 덜 갖춰진 문장이나 맞춤법이 틀린 단어들도 종종 나타나고 있지요.

근래 인터넷에 올라온 기사 중 조금은 당황스러운 '잘못된 맞춤법' 사례를 모아봤어요. 유명 언론사, 전통 있는 언론사도 예외는 아니었답니다. 제가 근무하는 '머니투데이'의 기사에서도 틀린 말들이 이따금 눈에 띄었고요(사례들은 실제 기사를 변형시킨 것입니다).

---

3 신문이나 잡지, 단행본 출판 등 글을 다루는 작업에서 쓰는 일종의 전문 용어. 편집국장(신문/잡지)이나 편집장(출판사)이 마지막으로 "흠, 완벽해. 이 정도면 사람들이 읽어도 되겠군!" 하면서 'OK' 사인을 내리는 것입니다.

4 문서나 원고의 내용 가운데 잘못된 것을 바로잡아 고치며 검열하는 것을 말합니다.

'아, 이런!' 틀린 말 10선

◆ 취사율? 치사율?

아래 그림의 제목 **취사**란 "밥을 짓는 일"을 말합니다. 군대에서 부엌일 하는 병사를 '취사병'이라 하고, 하숙생과 달리 스스로 밥 해먹는 학생을 자'취'생이라 하지요. 밥을 짓는 일은 공포감과 어울리지 않습니다. 이 기사는 바이러스에 관한 건데요. 제목은 **치사율**로 써야 맞습니다. '치사율'은 "'사'망에 이르게 하는 비'율'"을 뜻하는 말입니다.

◆ 박○○이 따낸 '값진(×)' 동메달?

맞는 표현은 **값진**인데요. '값지다'란 "값이 나갈 만한 가치가 있다"는 뜻입니다. '-지다'는 "어떤 성질이 있다, 어떤 모양이다"의 뜻을 만들어줍니다. '멋지다', '네모지다' 등처럼 쓰이는데요. 사전에는 없지만 요즘에는 '고급지다'라는 말도 곧잘 쓰입니다.

◆ 눈에 불을 키고(×) 달려들 것이 뻔해

불은 **켜**는 것입니다. 기본형은 '켜다'인데요. 위 상황처럼 활용될 때는 몸통인 '켜'를 살려 **켜고**로 써야 합니다. 비슷한 꼴인 '들이켜다', '펴다'도 헷갈리기 쉽습니다.

취사율, 치사율?
뭐가 맞는 거지?

◆ **정권 잡고 처음 치루는(×) 이번 선거**

'치루다'는 사전에 없는 말입니다. 이 말이 없으니 '치뤄'라고 쓰는 것도 잘못입니다. 기본형은 **치르다**, 여기에선 '치르는'으로 고쳐야 맞습니다. 참고로 '치루'는 항문 질병의 일종입니다.

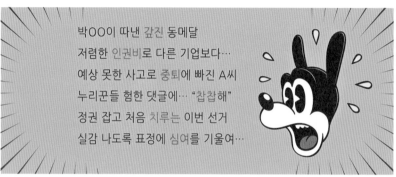

박○○이 따낸 값진 동메달
저렴한 인권비로 다른 기업보다…
예상 못한 사고로 중퇴에 빠진 A씨
누리꾼들 험한 댓글에… "찹찹해"
정권 잡고 처음 치루는 이번 선거
실감 나도록 표정에 심여를 기울여…

기사에도 틀린 말이!

◆ **누리꾼들 험한 댓글에…… '찹찹해(×)'**

'찹찹하다'는 "마음이 들뜨지 않고 차분하다"는 뜻입니다. 요새는 음식 씹는 소리를 이렇게 표현하기도 하는데요. 어느 쪽도 이 제목에 어울리지 않습니다. 적당한 말은 **착잡하다**인데요. 이는 "뒤섞여 복'잡'하다"는 뜻이랍니다.

◆ **예상 못한 사고로 '중퇴(×)'에 빠진 A씨?**

'중퇴'란 "'중'간에 '퇴'학한 것"을 뜻하는데요. 이 문장에선 **중태**가 맞습니다. "위'중'한 상'태'"라는 의미입니다. 사람의 생명과도 관련이 있는 만큼 단어 선택에 더 신중할 필요가 있겠지요?

◆ 실감 나도록 표정에 '심여(x)'를 기울여

발음이 비슷하긴 하지만 '심여'란 말은 없습니다. **심혈**이 맞는 말인데요. 뜻은 "'심'장의 '혈'액"입니다. 심혈을 기울였다는 것은 "마음과 힘을 다했다"는 의미인 것, 알고 계시죠?

◆ 저렴한 '인권비(x)'로 다른 기업보다……

'인권'은 "인간으로서의 권리"를 말합니다. 내용상 여기선 **인건비**가 맞는 낱말일 텐데요. 물'건'도 '비'용을 지불하고 사는 것처럼, 기업이 사람을 쓸 때는 비용을 냅니다.

◆ A씨는 차명계좌를 이 은행 B대표에 '맞겨(x)' 관리하다가 10억 원을……

물건을 '맡아[마타]' 달라고 하는 것이기 때문에 **맡겨**가 맞습니다. 기본형을 활용시켜 발음해보면 이해하기 쉽죠.

◆ '희안하게도(x)' 김정은 친할머니는 이렇게

"귀할 만큼 드문 것, 특이하거나 묘한 것"을 가리켜 쓰는 말은 **희한하다**입니다. 초성에 'ㅎ'이 세 번 연달아 나오니 어색해 보이지요? 이런 말에는 '황홀하다', '희화화'도 있습니다. '희화화'란 "어떤 인물 등을 우스꽝스럽게 풍자하는 것"을 말하지요.

그 밖에도……

기사 검색을 조금만 해보면 여러 틀린 말을 찾을 수 있습니다. 인터넷에서 화제가 된 '틀리기 쉬운 맞춤법' 1위에 오른 '어의없다(×)'도 보이네요. '기레기(기자+쓰레기)'라는 말이 단지 맞춤법 문제로 생긴 것은 아닙니다. 하지만 앞으로 언론사들이 기본적인 것부터 지키는 모습을 보여주길 기대해봅니다.

문제는 기사 속 틀린 곳 찾기입니다.
다음 인용된 기사에서 잘못된 부분은 어디이고, 어떻게 고쳐야 할까요?
"C는 30만 원의 과태료를 청구 받을 상황이지만, 미리 납부하면 구청에서 20만 원으로 각아준다."

정답 '각아준다→깎아준다'입니다. 발음을 생각하면 조금 쉽습니다. '깎아[까까]' 주는 것이므로 '깎아준다'가 맞겠지요.

닦아서 '닦달', 볶았으니 '떡볶이'

된소리(쌍자음)가 반침에 올 때

JTBC 「비정상회담」 16회에는 캐나다인 기욤이 '짜' 발음의 어려움을 호소하는 장면이 나옵니다. 외국인들에게 한국어의 된소리(이하 쌍자음. '쌍자음'은 공식적인 표현은 아닙니다만, 이해하기 쉽게 이 표현을 사용했습니다)는 'ㄱ, ㄷ, ㅂ, ㅅ, ㅈ'과 구별하기 어려운 소리인데요. 우리에겐 어떨까요?

"가세요"와 "까세요", 다르게 느껴지시죠? 하지만 우리말 자음은 받침에 올 경우 제소리를 다 내지 않는 경우가 많습니다. '받', '밭', '밧'은 이 자체로는 소리 구별이 되지 않습니다. 쌍자음이 받침에 올 때도 맞춤법이 어려워집니다. '석'과 '섞', 구별이 되시나요?

다음 그림은 몇 년 전 KBS 「개그콘서트」에서 인기를 얻었던 '□기도'입니다. "뜬금없이 모든 걸 꺾어버린다"던 이 코너 이름의 첫 글자는 무엇일까요?

글자를 맞게 쓰려면 '-어(아)'로 활용시켜 발음해보는 게 도움이 됩니다. [꺼거] 아닌 [꺼'꺼']버린다고 발음하므로 첫 글자의 받침은 쌍기역 **꺾**이 맞습니다. 'ㄱ' 자가 네 개나 들어가는 바람에 자칫 어색해서인지 잘 틀리는 낱말이에요. '깎아' 역시 [까가] 아닌 [까까]로 발음하므로 'ㄲ' 받침을 씁니다.

청소년과 여성들의 영원한 인기 간식거리 떡볶이는 떡을 '볶아서[보까서]' 만든 것이므로 **볶**이 맞고, 물고기를 잡는 것은 '낚아[나까]'보려는 것이므로 **낚**시가 맞습니다. 이 밖에 'ㄲ' 받침이 들어가는 단어는 **겪다, 닦다, 묶다, 섞다, 솎다, 엮다** 등이 있는데요. 마찬가지로 '-어(아)'로 바꿔 발음하면 정확히 글을 쓰는 데 도움이 됩니다.

쌍기역 받침이 들어간 말 중에는 쉽게 생각하기 힘든 것들도 있습니다.

꺽 껵 꺾 기 도

「개그콘서트」, '꺾기도'의 한 장면

문서 작업을 할 때 쓰는 기호인 '[ ]' 등은 흔히 **꺾쇠**라고 하는데요. 이는 "'꺾'어서 꼬부린 '쇠'막대기"를 가리키는 말입니다. 모양 비슷한 기호에 그대로 쓰였습니다. 마치 '@'를 골뱅이라고 부르는 것처럼 말이죠.

"남을 윽박질러 혼낸다"는 뜻으로 쓰는 [닥딸하다]는 '닥달(×)'이 아닌 **닦달**이 맞습니다. 표준국어대사전 '닦다'의 설명 10번에는 뜻밖에 "휘몰아서 나무라다"라는 뜻이 있습니다.

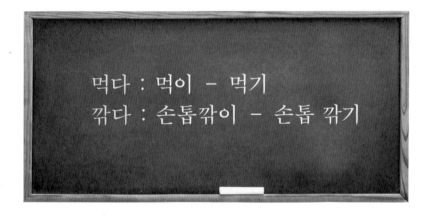

먹다 : 먹이 – 먹기
깎다 : 손톱깎이 – 손톱 깎기

깎다의 경우 'ㄲ' 받침까지는 잘 찾았는데 '깎이', '깎기' 중 하나를 골라야 할 때 헷갈리기도 합니다. 그림에서 보듯이 먹는 대상이 '먹이', 먹는 행동이 '먹기'인 것처럼 손톱을 깎는 도구는 손톱**깎이**, 깎는 행동은 **깎기**가 맞습니다.

손톱깎'이'

그런데 쌍자음 받침은 'ㄲ'밖엔 없을까요? 지나간 것을 얘기할 때 우린

"~했다" 식으로 'ㅆ' 받침을 씁니다. 쌍시옷 받침은 과거형을 만들 때나 '있다'에 쓰입니다. 그러면 나머지 'ㄸ, ㅃ, ㅉ'은요? 써도 문제가 되진 않지만, 그런 낱말은 현재 없습니다. 독창적인(?) 감탄사를 만드는 데 쓸 수도 있겠지만 컴퓨터 자판으로는 쳐지지 않지요.

내가 만든 감탄사! 그런데…
타이핑이 안 되는군요!

마무리 문제입니다. 다음 김치 이름 중 표기가 '바른 것' 한 개는 무엇일까요?
쌍자음에 주의해서 보세요.

1. 깎두기

2. 갔김치

3. 섞박지

4. 오이소밖이

정답 3번
　　무, 배추, 오이와 여러 가지 고명을 넣은 김치인데요. '21세기 세종계획 한민족 언어정보화'에서는 이 낱말을 "뒤'섞'은 다음 '박'아 담근 김치"로 분석하고 있습니다.
　　1번은 깍두기(무를 깍둑썰기로 모양내 담근 김치), 2번은 갓김치, 4번은 오이소박이가 맞습니다.

□□콜라의 동물 메시지 포장,
'아쉬운 꺼양~'

근게/거야

이걸 거야

"부자되세'용'", "고백하겠'소'", "꼬리칠거'쥐'"……. 모 콜라 회사가 2015년 양의 해를 맞아 양을 비롯해 열두 띠 동물들을 이용한 재미있는 말을 음료 포장에 넣었습니다. 처음엔 '양'만 있었는데, 의외로 반응이 좋아 열두 띠 동물들이 모두 등장하게 됐다고 합니다.

2015년 초 한 콜라 회사가 열두 띠 동물을 이용해 내놓은 재치 있는 포장 문구(왼쪽)와 같은 회사의 2014년 포장 문구

그런데 '양'이 들어간 글귀에 대해 일부에선 아쉬움을 보이기도 했는데요. 예, 맞춤법 때문입니다.

"잘나갈'꺼양'", "행복할'꺼양'"……. 여기서 '꺼'는 **거**의 잘못된 표기입니다. 회사는 공식 블로그를 통해 "친근감 있게 전달하기 위해 구어체로 쓴 것"이라고 설명했는데요. 이 콜라는 1년 전 비슷한 행사에선 "친구야 잘 될 거야", "응원할게" 등처럼 맞게 표기했습니다.

'꺼야(×)'는 '-ㄹ께(×)'와 함께 많은 분들이 잘못 쓰는 말인데요. 결론부터 말하면 비슷한 모양의 말 중에서는 '-ㄹ까?'와 같이 묻는 말을 빼고는 쌍기역은 안 쓰인다고 보면 됩니다.

거야는 '것이야'를 구어적으로 'ㅅ'을 빼고 쓴 말인데요. "이'거'야", "내가 만든 '거'야" 등의 사례에서 자연스럽게 쓰이고 있습니다. 자연스럽다는 표현을 쓴 것은 그렇지 않은 경우가 있어서인데요. "다음 달에 할 '거'야", "이건 내 '거'야" 등에서는 발음과 표기가 다르다 보니 헷갈리기도 합니다.

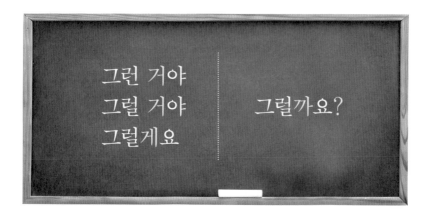

그런 거야
그럴 거야   그럴까요?
그럴게요

-ㄹ게(을게)는 발음만 보면 '게'가 [게]로 읽히는 경우가 없습니다. "금방 갈게요", "내가 먹을게" 등에서 보듯이 'ㄹ' 받침의 영향을 받아 '게'가 **[께]**로 읽히는데요. 발음만 따르다 보면 잘못 쓰기가 쉽습니다.

이 콜라 회사는 홈페이지를 통해 '꺼양(×)'에 대한 설명과 더불어 "(맞춤법 지적) 의견을 존중해 '거양'으로 변경한다"고 답했습니다.

어떤 이들은 맞춤법이 이해하기 어렵다고 불만을 표하기도 합니다. 특히 된소리가 나는 이유가 불분명한 '내 거', '어제 거' 등의 '거'에 대해선 상대적으로 불만이 큽니다.

요즈음 우리말의 된소리 현상 중에는 1음절로 무언가를 말할 때 나타나는 경우가 있는데요. 대학교 '학과 방'을 '과방[꽈방]'이라 부르거나, '이 안건'을 줄여서 '이 건[껀]'이라고 읽고, "조금만 줘"를 줄여서 "좀[쫌]만 줘"라고 하는 경우가 그런 예입니다. 물론 글로 쓸 때는 된소리를 쓰지 않습니다.

된소리가 표기로 인정된 경우에는 **딴**이 있는데요. '다른 사람' 대신에 줄여서 '딴 사람'이라고 쓸 수 있습니다. 이때는 오히려 '단 사람'처럼 쓰지 않습니다.

위의 사례들은 아직 정확한 이유를 설명하기 어렵습니다. '내 거'의 사례도 조금 더 연구가 필요합니다.

문제입니다. 다음 중 표기가 맞는 것은 무엇일까요?

1. 나이가 들어서 이제 힘이 '딸려요'.

2. 은정이는 운동 좀 했는지 힘이 '쎄네요'.

3. 너는 '눈꼽' 좀 떼고.

4. 좋아서 입이 '째지네'.

정답 4번

    1번은 '달려요', 2번은 '세네요', 3번은 '눈곱'이 맞습니다. 곱은 '곱창'의 '곱'과
도 같은 말인데요. "동물의 지방, 진득한 액이 마른 것" 등을 뜻합니다.

나 영맛살 꼈나봐, 누가 잠을쇄 좀…

발음이 비슷해서 헷갈려요 ②

"이것보다 심한 맞춤법 아는 사람?"이라는 한 장의 사진이 온라인에서 화제가 된 적이 있습니다. 어쩌면 여러분도 보신 적 있을 거예요. 스마트폰 문자 대화창을 떠온 건데요. 사진에서는 "진짜 갈 거야?"라는 물음에 "마마잃은중천공이니 가야지"라는 답신이 왔습니다. 이 답신의 정확한 표현은 물론 '남아일언중천금(男兒一言重千金)'입니다. "남자(남아)의 말 한마디(일언)는 천금처럼 무겁다, 곧 약속은 지킨다"는 뜻이죠.

위 경우는 좀 특별하지만, 일상에서 들리는 대로 말을 잘못 쓰는 사례는 많습니다.

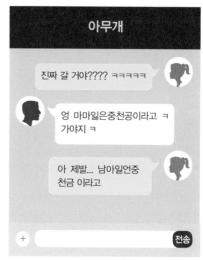

아무개

진짜 갈 거야???? ㅋㅋㅋㅋㅋ

엉 마마잃은중천공이라고 ㅋ 가야지 ㅋ

아 제발... 남아일언중 천금 이라고

전송

"우리말 공부 열심히 해야지."
"그래, '남아일언중천금'이라 했으니 지켜보겠다!"

"큰일이야, 완전 날리났어!"

이 문장에서 '날리(×)'는 **난리**로 써야 되는데요. 발음은 [날리]로 틀린 말과 같습니다. 난로[날로], 만리포[말리포] 등에서도 보이는 우리말의 현상(자음동화)으로 'ㄹ' 앞에서 'ㄴ' 받침의 발음이 변했습니다.

역마살은 발음이 비슷한 '영맛살(×)'로 쓰이는 사례가 눈에 띕니다. '역마'란 "조선시대 역참이라는 주요지점에 있던 말"을 뜻하는데요. 지금의 우체국이나 택배업체 집하장(물건이 모이는 곳)의 오토바이나 차량에 비유할 수 있겠습니다. '살'은 "액운"을 뜻합니다. 곧 '역마살'은 "분주히 다녀야 하는 사나운 운수"를 말하지요.

영맛살? 역마살!!

영맛살?...이 껴어

횟수와 **햇수**는 둘 다 맞는 말이지만 혼동해서 쓰일 때가 많습니다. "올해로 입사한 지 횟수(×)로 10년째야"에서 횟수는 햇수로 쓰는 게 정확합니다. 이 문장은 몇 '해'째인지 '수'를 세고 있는 상황이니까요.

모음의 작은 차이를 혼동하는 경우도 많습니다.

"야, 왜 이렇게 말끼(×)를 못 알아들어"에서 말끼는 **말귀**를 잘못 쓴 건데요. 의외로 종종 보이는 사례입니다. '말'과 '귀'가 더해진 이 말은 "남의 말을 알아듣는 능력"을 뜻합니다. 친구들을 부를 때 쓰는 '애들아(×)'는 **얘들아**의 잘못된 표기로 메신저 대화에서 꽤 보입니다.

얼굴이 붓는 경우에 '얼굴이 부웠다(×)'고 하는 경우도 많습니다. 굿다(→그었다), 짓다(→지었다) 등처럼 붓다가 활용되면 '부어'가 맞으므로 여기선 '얼굴이 **부었다**'고 해야 합니다.

마지막은 당황스러운 사례인데요. 신문기사에도 등장하면서 화제가 되기도 했습니다. 바로 "나이를 간음(×)할 수 없는 외모"라는 표현이었습니다. '간음'이란 "부정한 성관계"를 말하잖아요. 그러니까 여기선 당연히 **가늠**이 맞습니다. '가늠'이란 "어림잡아 보는 것"을 말하지요.

정확한 말을 쓰려면 책 등 정제된 글을 많이 보는 게 좋습니다. 느낌으로만 단어를 쓰지 않고 정확한 뜻을 알려고 노력하는 것도 좋지요. 영어 단어가 잘 생각 안 나면 사전을 찾듯이 국어사전을 가까이 하는 것도 매우 바람직한 태도입니다. 인터넷에서는 표준국어대사전(국립국어원)이나 포털사이트의 사전 등을 무료로 이용할 수 있습니다.

오늘의 문제입니다. 다음 문장에는 다 틀린 낱말이 있습니다. 고쳐주세요.

1. 지영, 잠을쇄 잘 채운 거야?

2. 무릎담요는 뒷자석에 있어요.

3. 순대를 된장에? 새우젖에 찍어 먹어야지.

정답 1. 잠을쇄→자물쇠

2. 뒷자석→뒷좌석

3. 새우젖→새우젓입니다. '젓'이란 생선 등을 절여 삭힌 음식을, '젖'은 포유
류의 가슴 부위 기관을 뜻합니다.

곰곰히, 아니 '곰곰이' 생각해볼게

이/히

'간번일틈.'

20대 중반, 신문사에 입사해 가장 먼저 배운 문법입니다. 무슨 뜻이냐고요? **"간간이, 번번이, 일일이, 틈틈이."** 바로 '이'가 붙는 부사입니다. 다행히 기사에 많이 나오는 부사여서 달랑 이것만 외우고도 웬만한 '이', '히'는 구분했는데요.

뭘 그렇게 곰곰이 생각해?

그런데 우리말은 참 신기하게도 헷갈린 것만 또 헷갈리게 되지요? '간 번일틈' 외에 '이', '히'가 나오면 그때나 지금이나 입속에서 한번 읊조리다 머리에서 맴돈 뒤 그제야 확신이 들거든요.

2014년 10월 중순 방송된 MBC 예능프로그램 「무한도전」에서는 '한글 날 특집'으로 멤버들에게 한글 테스트를 실시했는데요. 그중 정형돈 씨의 문제는 '곰곰이'와 '곰곰히' 중 맞춤법에 맞는 말을 찾는 거였어요. 정형 돈 씨의 선택은 '곰곰히'였습니다. 안타깝게도 정답은 **곰곰이**였죠. 이 문제 는 외국인의 10%만 맞혔으니 상당수가 틀린다는 건데요. 사실 외국인만 그럴까요? 직접 써보고 말해봐도 헷갈리는 '이'와 '히', 대체 어떻게 구분 해야 좋을까요?

'-히'가 오는 경우

뒤에 '-하다'를 넣어 말이 될 경우, '히'가 옵니다. 예를 들자면, **꼼꼼히**(꼼꼼

'곰곰히가 틀렸다고? 아쉬워하는 정형돈 씨

하다), **똑똑히**(똑똑하다), **각별히**(각별하다) 등이 있지요.

'-이'가 오는 경우

- '-하다'로 끝나는 형용사 끝소리가 'ㄱ' 혹은 'ㅅ' 받침일 때 '이'가 옵니다. **깊숙이, 깨끗이, 느긋이, 오롯이** 등이 속하지요.
- 'ㅂ' 어근을 가진 형용사에서 'ㅂ'이 빠지면서 '이'가 옵니다. **너그러이**(너그럽다), **즐거이**(즐겁다), **가벼이**(가볍다), **외로이**(외롭다) 등이 해당되는군요.
- 첩어(같은 단어 반복) 또는 준첩어(알록달록처럼 비슷한 단어) 뒤에 '이'가 옵니다. **번번이, 일일이, 겹겹이, 간간이** 등입니다.
- 부사 뒤에는 '이'가 옵니다. **곰곰이, 더욱이, 오뚝이**(곰곰, 더욱, 오뚝은 부사) 등이지요.

정리하고 보니 가장 쉬운 방법은 '-하다'를 넣어서 말이 되면 '-히'를 붙이고, 말이 되지 않으면 '-이'를 붙이면 되겠네요. 하지만 이것도 항상 맞는 원칙은 아니랍니다. '솔직하다', '가득하다'는 '이'가 오는 경우의 첫 번째에 해당하므로 '솔직이', '가득이'가 돼야겠죠? 하지만 **솔직히, 가득히**가 맞습니다. 또 '아스라하다'는 '히'가 오는 경우에 해당하므로 '아스라히'가 맞을 것 같지만, 이 역시 **아스라이**가 맞습니다.

이렇게 우리말엔 항상 예외가 존재합니다. 조금 번거롭더라도 원칙은 지키되 예외는 기억하는 게 어떨까요? 원칙을 무너뜨리는 예외는 그리 많지 않으니까요.

문제입니다. 다음 중 틀린 말은 무엇일까요?

1. 나날히
2. 남짓이
3. 끔찍이
4. 고즈넉이

정답 1번
   '나날이'가 맞습니다. 나날이는 준첩어에 해당합니다.

단언컨□? '건대', 학교 이름 말고!

건대/-대/-데

첨탑이 이겼데

"단언컨□, 메탈은 가장 완벽한 물질입니다."

휴대폰 영상 광고의 한 장면

한동안 인기를 끌었던 팬택의 한 스마트폰 CF 문구인데요. □에 들어갈 말은 무엇일까요. 정답은 '대'이지만, '데'를 떠올린 분들도 많을 것입니다. 사실 이 말을 쓸 때는 '그런데'의 '데'가 자연스레 떠오르곤 하지요. 의미도 약간 비슷한 느낌입니다.

사전에는 '-대'가 아닌 '-건대'가 올라 있습니다. **예컨대**는 "예를 들자면", '내가 **보건대**'는 "내가 보자면", **요컨대**는 "요점을 말하자면"…… 등등으로 쓰입니다. 곧 '-건대'는 "~(하)자면"의 뜻이지요. **단언컨대**는 "단언하건대"를 줄여 쓴 말인데요. 그러면 첫 문장은 "단언하자면, 메탈은 완벽한 물질입니다"가 되겠습니다.

"~하건대"는 '컨대'로 줄기도 하지만 상황에 따라선 '하'가 떨어져 나가기도 합니다. 좀 어려운 부분인데요. 예를 들어 '생각하건대→**생각건대**' 식입니다. 맞춤법 규정 중 준말에 관한 제40항에는 안울림소리(ㄴ, ㄹ, ㅁ, ㅇ 외의 것) 받침 뒤에서 '하'가 줄어든다고 돼 있습니다. 여기선 '생각'의 끝음절 받침이 'ㄱ'이므로 '하'가 줄어든 거죠. "못하지 않아"를 흔히 **못지않아**라고 쓰는 게 좋은 예입니다.

한편 '대/데'가 헷갈리는 다른 경우도 있습니다. '-대요/-데요'가 바로 그건데요.

• 보너스가 나왔**대**요.
• 보너스가 나왔**데**요.

사실, 입말로 할 때는 억양이 달라서 두 문장을 쉽게 구분할 수 있을 텐데요. 위의 문장은 "보너스가 나왔'다'고 하네요"의 뜻이고, 뒤의 문장은 "보너스가 나왔'더'라고요"의 뜻입니다. 모음의 모양을 비교해보면 맞게 쓰는 법을 쉽게 찾을 수 있습니다.

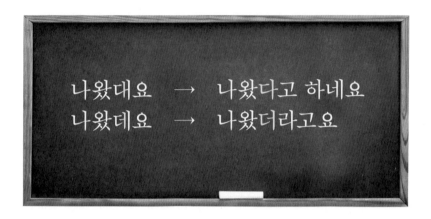

나왔대요 → 나왔다고 하네요
나왔데요 → 나왔더라고요

마무리입니다. 다음 문장 중에서 '대'나 '데'가 잘못 쓰인 것을 골라주세요.

1. 제발 바라건'대' 생각을 너무 많이 하지 마.

2. 어제 말한 게 이건'대', 받아.

3. 그 영화 의외로 재미있'데'요.

4. 엄마가 어제 밥집 마음에 드셨'대'.

정답 2번
　여기서 '이건데'는 "이것인데"를 구어적으로 줄여서 쓴 말입니다. '~건대'와
는 상관없습니다. 3번은 "영화가 재미있더군요", 4번은 "마음에 드셨다고 해"
의 뜻입니다.

'게'와 '개', 소리로 구분할 수 있나요?

'·'에 이어 사라질지 모르는 모음 'ㅐ'

"뭐, 네가 개를 먹어?"

"아니, 내가 게를 먹었다고."

"아~, 가이가 아니고 거이."

이런 대화 하신 적 있으시죠? 물론 좀 더 현실적으로 고친다면 첫 문장의 '네가'는 '니가(사전 상으로는 경상도 사투리)'라고 해야겠지요. 현실에선 '내가'와의 혼동을 피하기 위해 '니가'를 쓰곤 하니까요. 발음은 비슷한데 뜻이 정반대이니 이는 대중의 자연스러운 선택으로 보입니다. 만약 영어에서도 'and([앤드], 그리고)'의 반대말이 'end([엔드], 끝)'였다면 꽤 혼란스러웠을 겁니다.

그런데, 현대 한국인들은 'ㅐ' 소리와 'ㅔ' 소리를 비슷하다고 느끼는 것을 넘어 잘 구분하지 못한다고 합니다. 단지 듣는 것의 문제가 아니라 발음할 때도 'ㅐ' 소리를 잘 내지 않는다는데요. '개'나 '게'나 모두 '게'로 발음한다는 말입니다. 이렇다 보니 ㅐ가 애초 훈민정음에 있던 아래아(·)에

나는 개, 너는 게!

이어 사라지는 모음이 되는 것 아니냐는 우려도 나옵니다.

물론 우리말을 쓰는 사람들의 선택으로 'ㅐ'를 완전히 버릴 수도 있을 겁니다. 그런데 만약 이것이 현실이 되면 어떻게 될까요? 유재석 씨는 유제석 씨와 동명이인이 됩니다. 게맛살은 무슨 맛일지 헷갈리게 됩니다. "제발, 병이 제발(재발)하지 않게 해주세요"와 같은 문장도 나올 수 있습니다. 'ㅐ'가 들어간 말이 워낙 많은데다가, '하다→해'나 '아이→애'처럼 'ㅏ'를 근거로 'ㅐ'가 된 말도 많기 때문에 현실적인 부작용이 클 겁니다.

'ㅐ'를 표기용으로만 남겨둘 수도 있겠지만 정상적인 방법은 아닙니다. 사실 어린 층을 중심으로 '현재'를 '현제(×)'로 쓴다거나 '동네'를 '동내(×)'로 쓰는 것, 그리고 '되/돼'를 구분하지 못하는 것 등 여러 문제는 'ㅐ' 발음이 약해진 것과도 관계있습니다.

그런데 여러분, 'ㅔ'와 'ㅐ'를 제대로 소리 내는 법을 배운 기억 있으세요?

한국어를 배우는 일본인의 경우, 그들의 언어 특성상 우리말의 'ㅓ'와 'ㅗ', 'ㅜ'와 'ㅡ'를 구분하는 게 어렵다고 합니다. 오랜 시간 안 쓰던 발음을 한다는 것이 쉽지 않다는 사실을 보여주는데요. 우리도 'ㅐ'와 'ㅔ' 발음을 구분해 쓰지 않는다면 사라진 'ㆍ'처럼 영영 되살리기 어려울지도 모릅니다.

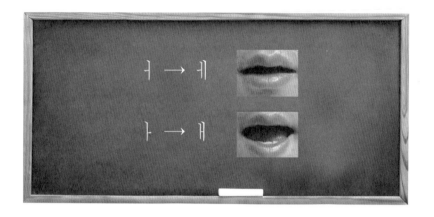

그러면 어떻게 발음을 해야 할까요? 음성학적인 설명은 복잡하니 단순하게 설명해볼게요. 'ㅓ'를 발음하듯이 입을 벌린 뒤 옆으로 좀 더 벌려 'ㅔ'를 발음하고, 'ㅏ'의 입모양에서 옆으로 좀 더 입을 벌려 'ㅐ'를 발음하는 겁니다. 이때 'ㅐ'의 입모양이 더 크지요. 어때요? 잘 되지요? 그럼 다음 문장을 한번 발음해볼까요?

"**애**들이 **에**버○드에 가자고 해서, **해** 뜨기 전부터 **헤**매는 중이야."

마무리 문제입니다. 현재 한글 자음과 모음은 '넓게 봐서' 모두 몇 개일까요?

정답 40개

기본자음 ㄱ, ㄴ, ㄷ, ㄹ, ㅁ, ㅂ, ㅅ, ㅇ, ㅈ, ㅊ, ㅋ, ㅌ, ㅍ, ㅎ (14개)

된소리 ㄲ, ㄸ, ㅃ, ㅆ, ㅉ (5개)

단모음 ㅏ, ㅐ, ㅓ, ㅔ, ㅗ, ㅚ, ㅜ, ㅟ, ㅡ, ㅣ (10개)

이중모음 ㅑ, ㅒ, ㅕ, ㅖ, ㅘ, ㅙ, ㅛ, ㅝ, ㅞ, ㅠ, ㅢ (11개)

※ 'ㅐ'와 'ㅔ' 발음법을 영상으로 보시려면 〈국립국어원 바른소리〉나
(http://www.korean.go.kr/hangeul/cpron/02_vowels/03_comp_01.htm), EBS에
서 제작한 동영상
(https://www.youtube.com/watch?v=SfHMvJKasAk)을 참고하세요.

〈국립국어원 바른소리〉   EBS에서 제작한 동영상

바뀐 문장부호, 얼마나 아시나요?

문장부호 제대로 알기

"이상하다. 진짜 이상하네."

초등 3학년 아이가 새로 사준 국어 문제집을 펼쳐들고 의아한 표정을 짓고 있습니다. 한참을 고민하더니 1, 2학년 때 배운 국어교과서를 들고 와서 보여줍니다.

"엄마, 여긴 '온점'이라고 돼 있는데, 이 문제집은 '마침표'라고 적혀 있어요. 좀 이상해."

온점	이름은 초롱이야.	설명하는 문장 끝에 쓴다.
물음표	궁금하지?	묻는 문장에 쓴다.

. (마침표)	어떤 내용을 설명하는 문장이나 권유하는 문장, 또는 시키는 문장의 끝에 쓴다.
? (물음표)	궁금한 것을 묻는 문장의 끝에 쓴다.

'.'를 '온점'이라고 설명한 '개정 전' 한 초등 교과서(위)와 '마침표'로 설명한 '개정 후' 한 문제집

그러고 보니 지난해 문장부호가 개정됐다는 기사를 본 게 생각납니다. 아이는 불과 1년 전 배운 '개정 전' 교과서와 '개정 후' 문제집 표기가 다르니, 분명 둘 중 하나가 잘못됐다 싶었을 텐데요. 찾아보니 2014년 10월 27일, 문장부호가 26년 만에 개정돼 언론에서도 대대적으로 보도했더군요. 하지만 6개월이 지난 지금 어떤 문장부호가 맞는지, 명칭은 뭔지 여전히 헷갈리는데요. 여러분은 바뀐 문장부호, 얼마나 아시나요?

마침표/온점(.)과 쉼표/반점(,)

제가 초등학교(정확히 국민학교)에 다닐 때만 해도 '.'과 ','는 '마침표'와 '쉼표'라고 불렀어요. 1988년 초 '한글맞춤법' 규정이 제정돼 1989년 3월부터 명칭이 '온점', '반점'으로 바뀌었습니다. 그러던 것을 26년 만에 다시 '마침표'와 '쉼표'라 개정한 것입니다. 단 기존 '온점'과 '반점'이라는 용어도 쓸 수 있도록 허용했네요.

가운뎃점(·)

가운뎃점 대신 마침표(.)나 쉼표(,)로 쓸 수 있는 경우를 확대했습니다. 예를 들면 '상·중·하위'는 상위, 중위, 하위를 뜻하죠. 이 경우 짝을 이루는 어구들 사이, 또는 공통 성분을 줄여서 하나의 어구로 묶는 것이므로 가운뎃점을 사용해왔는데요. 올해부터 쉼표도 쓸 수 있도록 바뀌었습니다. 즉 '상, 중, 하위권'으로 써도 맞습니다.

말줄임표(……)

말줄임표는 원래 가운데 여섯 점을 찍어야 했습니다. 컴퓨터 자판에서 찾기 참 어려웠는데요. 그래서인지 마침표를 몇 개 찍어서 사용하는 경우가 많았습니다. 이제는 점을 세 개만 찍어도, 그 점을 아래에 찍어도 됩니다. 아래에 마침표를 여섯 개 찍어도 되고요. 네 가지 표기가 모두 가능해진 거죠. 즉 '내 마음은……', '내 마음은......', '내 마음은…', '내 마음은...' 모두 맞습니다.

위 내용을 포함, 개정된 주요 문장부호를 정리하면 다음과 같습니다.

한글맞춤법 부호 개정 주요 내용

기존	개정(기존 표기도 사용 가능)
.(온점) ,(반점)	.(마침표) ,(쉼표)
말줄임표 …… (가운뎃점 6개)	…… (마침표 6개) … (가운뎃점 3개) ... (마침표 3개)
3·1운동	3.1운동(마침표)
금·은·동메달	금,은,동메달(쉼표)
10월 28일~31일	10월 28일–31일(붙임표)
2014년 10월 30일	2014. 10. 30.(마침표)
애를 씀.	애를 씀(마침표 생략)
「 」,『 』(낫표) 〈 〉,《 》(화살괄호)	' ', " " (따옴표)

바뀐 내용을 보니 일단 '훨씬 편해졌다'는 느낌입니다. 국립국어원 역시 문장부호 개편 이유로 "글쓰기 환경이 컴퓨터와 인터넷 중심으로 급격히

변화해, 컴퓨터나 스마트폰 환경에 맞춰서 쓰기 편하게 바꾼 것"이라고 밝혔는데요. 사용자의 편의와 활용성을 높이는 데 역점을 둔 점은 높이 살 만합니다. 다만 6개월이 지난 지금도 낯선 새 문장부호를 사람들이 더 많이 알고, 더 쉽게 사용하도록 교과서 및 각종 문제집과 출판물 등 관계 기관과 협력을 더욱 확대했으면 하는 바람입니다.

문제입니다. 다음 연월일 표시 중 잘못된 것은 어느 것일까요?

1. 2015년 5월12일
2. 2015. 5.12
3. 2015. 5.12.

정답 2번
　연월일을 표시할 때는 마침표를 모두 써야 합니다.

친구새끼손가락은유난히짧다

띄어쓰기

씨름한 지
10년

"친구새끼손가락은유난히짧다."

여러분, 무슨 뜻인지 금방 이해되시나요? 인터넷에 떠도는 「띄어쓰기의 중요성」이라는 글에 있는 사례인데요. 만약에 '새끼'와 '손가락' 사이만 띄었다면 욕설처럼 느껴질 겁니다. 뜻을 정확히 전하기 위해 이렇게 띄어 쓸 수 있겠죠. "친구 새끼손가락은 유난히 짧다."

띄어쓰기는 글의 뜻을 쉽게 알 수 있도록 하는 데 목적이 있습니다. 한글 맞춤법 규정4에도 들어간 내용이지요. 그런데 띄어쓰기, 쉬우신가요?

맞춤법 총칙 제2항은 "문장 각 단어는 띄어 씀을 원칙으로 한다"고 돼 있습니다. 하지만 우리말 특성상 다 띄었다가는 더 읽기 힘들 텐데요. 영어라면 "I am Jungu"처럼 쓰면 되지만, 우리말로 "나 는 준구 야"처럼 띄어 쓰면 읽기에 더 힘들 겁니다. 그래서 "(의존성이 있는) 조사는 앞말에 붙여 쓴다"는 규정이 있습니다. 하지만 조사와 모양도 비슷하고 역시 의존적인 '의존명사'는 맞춤법 규정상 띄어 써야 합니다. 헷갈리는 띄어쓰기,

어떤 것들이 있을까요?

의존명사 띄어쓰기

◆ 지

"어떤 일이 있었던 때로부터 지금까지의 동안"을 이르는 의존명사일 때는 띄어 씁니다(예: 그를 **만난 지**도 꽤 되었다). 반면 독립된 단어가 아닌 '-ㄴ(은/는)지', '-ㄹ(을)지'의 형태로 사용될 때는 어미이므로 앞말에 붙여 써야 합니다(예: 집에 잘 **도착했는지** 궁금하다/ 무엇을 해야 **할지** 모르겠다).

◆ 만

"동안이 얼마간 계속되었음"을 나타내는 의존명사일 때는 띄어 씁니다(예: **십 년 만**의 귀국이다). 반면 "다른 것으로부터 제한하여 어느 것을 한정함"을 나타내는 조사일 때는 붙여 씁니다(예: **하나만** 알고 둘은 모른다).

숫자 띄어쓰기

◆ 첫 번째, 첫째

'첫'은 관형사이고 '번째'는 차례나 횟수를 나타내는 의존명사입니다. 따라서 '첫 번째'로 띄어 써야 맞습니다. 하지만 "순서가 가장 먼저인 차례"의 뜻을 나타내는 '첫째'는 한 단어이므로 붙여 써야 합니다.

아, 정말 헷갈려!

◆ 십오 년, 15년

단위를 나타내는 명사는 그 앞의 수 관형사와 띄어 씁니다.

따라서 '십오 년'으로 띄어 쓰는 것이 맞습니다. 다만 수 관형사가 아라비아 숫자로 나타날 경우 붙여 쓸 수 있습니다. 따라서 '15 년(원칙)/15년(허용)'으로 쓸 수 있습니다.

우리말엔 1음절, 2음절의 짧은 단어가 많습니다. 그래서 띄어쓰기를 철저히 하면 말로 할 때와 호흡이 안 맞기도 하고, 보기 힘들기도 합니다(물론 "단음절이 연이어 나올 때는 붙여 써도 된다"는 규정도 있습니다). 쉽게 이해되지 않는 경우도 있고요.

예를 들면 '띄어쓰기'는 한 단어지만 '띄어쓰다'는 틀리고 '띄어 쓰다'나 '띄어쓰기하다'라고 해야 맞습니다. 한자어인 '독서'는 괜찮지만 한글로 풀어 쓴 '책읽기'는 안 되고 '책 읽기'로 써야 합니다. 글자 모양은 같은데 경우에 따라 붙여 쓰거나 띄어 써야 하니 우리 말글에서 제일 어려운 게 '띄어쓰기'가 아닌가 싶은데요.

학자들 역시 띄어쓰기에 대한 문제점을 지적하기도 합니다. 앞서 말했듯이 띄어쓰기의 목적은 "글의 뜻을 쉽게 파악하도록 하는 데" 있습니다. 하지만 그 수준을 넘어서 글쓰기를 어렵게 하는 면이 있는 것도 사실입니다. 띄어쓰기 본래의 목적을 넘어선 부분은 좀 넉넉하게 허용해도 좋을 듯합니다. 여러분 생각은 어떤지요?

오늘의 문제 나갑니다. 다음 띄어쓰기 중 잘못된 것은 어느 것일까요?

1. 날씨가 흐리고 '한두' 차례 비가 올 전망이다.

2. 그가 떠난'지' 2년이나 되었다.

3. 어디서부터 잘못됐는'지' 모르겠다.

4. 5년 '만에 만난 친구였다.

정답 2번

    '지'가 "어떤 일이 있었던 때로부터 지금까지의 동안"을 이르는 의존명사일 때는 띄어 써야 합니다.

자판을 네 번 두드려야 한다고?
자음이 두 개 들어가는 받침

컴퓨터 자판으로 네 번 쳐야 완성되는 글자들이 있습니다. 이런 경우죠.

닭고기 삶아 먹기 싫어!

받침에 자음이 두 개 들어가는 단어가 종종 눈에 보이는데요. 쓰임새가 많은 편이라 그런지 표기법을 헷갈려 하는 분은 많지 않은 것 같습니다. 하지만, 유독 어색한 상황이 있는데, 다음의 경우입니다.

- 그는 멋진 삶을 **삶**.
- 그는 멋진 삶을 삼.

사실 두 문장 다 말은 됩니다. 첫 번째 문장은 "멋진 삶을 '살았다'"는 자연스러운 뜻이고요. 두 번째 문장은 "멋진 삶을 '(돈으로) 샀다'"는 영화에 나올 법한 뜻이 됩니다.

사랑하는 여인을 위해 부를 축적하고, 마침내 그녀를 만나 시간까지 되돌리고 싶어 했던 남자, 개츠비 이야기.[4] 여러분도 (읽어)보셨나요?

'ㄿ' 받침이 어색하진 않으신가요? '삶'이란 말은 많이 쓰이니 덜 어색할 수 있습니다만, 다음 문장은 어떤가요?

- 시험공부를 하다가 꾸벅꾸벅 **졺**.
- 잠 깨려고 사탕을 **빪**.
- 뒤늦게 침 흘린 사실을 **앎**.

'-다' 앞이 'ㄹ받침'인 서술어를 명사형으로 바꿀 때, 어색해 보이지만 'ㄹ'을 그대로 살려서 씁니다. '먹다→먹음', '솟다→솟음' 등 '-음'이 붙는 다른 말들과는 다르게 이 경우엔 'ㅁ'만 들러붙는데요.

엇, 그러면 '얼음', '졸음'은 뭐지? 이런 생각이 들지도 모르겠습니다. 사

5 「위대한 개츠비」는 1925년에 출판된 스콧 피츠제럴드의 소설이다(포스터 출처 : 네이버 영화).

실 이 낱말들은 서술어를 명사형으로 쓴 게
아니고 그냥 명사인데요. 문장으로 예를 든다
면 이렇습니다.

- **얼음**이 **얾**.
- **졸음**이 오는지 꾸벅꾸벅 **졺**.

공부만 시작하면 잠 오는 현상, 여러분
도 다 경험했지요?

'얼음'과 '얾'이 어떤 차이인지는 굳이 설명을 안 해도 잘 아실 겁니다.
얼음, 울음, 졸음 등이 '삶'과 다른 모양을 가지는 것은 중세 국어의 흔적
으로 추정된다고 합니다(이것은 어려우니 여기까지만 하겠습니다). 그런데 'ㄻ',
모양이 어색할 때도 있지만 발음할 때 어려움을 주기도 합니다. 자음 두
개를 한꺼번에 읽는 것은 불가능하니 말이죠. 외국인이 우리말을 배울
때 어려워하는 부분 중 하나이기도 합니다.

'ㄻ' 소리를 어떻게든 다 낼 수 있다면 그게 최선일 텐데요. 그래서 'ㄻ'
뒤에 머리글자가 소리 없는 경우, 곧 'ㅇ'인 경우엔 어려움이 적습니다. '삶
은 계란'이라면 우리는 [살믄 계란]이라고 두 소리를 다 반영할 수 있으니
까요. 하지만 '길이가 긺'의 경우엔 '긺'을 [길]이라고 할지 [김]이라고 할
지 선택해야 합니다. 오래 전부터 우리는 [김]을 택했습니다. 서술어에 '-
음' 소리를 붙여 명사형임을 보여주는 것이니 그쪽이 자연스러운 선택이
었을 겁니다.

'ㄻ' 외에도 받침에 자음이 두 개 들어가는 경우는 많습니다. **닭, 삯, 읊**
다, **넓**다……

행복한 삶을 삶
[행보칸 살믈 삼]

표준발음법 제4장 '받침의 발음'에서는 이와 관련해 꽤 길게 다루고 있는데요. 한두 가지 기준으로 설명하기가 불가능하다 보니 복잡합니다. 예외가 있기도 하고요. 받침 글자가 두 개인 말을 소리 내온 우리의 습관이 그때그때 달라서이기도 할 겁니다. 복잡한 내용을 여기서 다루는 것은 적절치 않은 것 같고, 몇 가지 예[6]의 읽는 법만 보도록 하겠습니다.

- **넋, 몫**→[넉, 목]
- **외곬**→[외골]
- **값**→[갑]
- **여덟**→[여덜]
- **칡, 흙**→[칙, 흑]

---

6 국립국어원 홈페이지 표준발음법 '받침의 발음'
http://www.korean.go.kr/front/page/pageView.do?page_id=P000100&mn_id=95

문제입니다. 다음 문장의 표시된 부분을 소리 나는 대로 쓰면 어떻게 될까요?

1. 너의 '곁으로' 가겠어.

2. 비싼데 좀 '깎아주세요.'

3. '무릎이' 아파서 못 뛸 거 같아.

정답 1. [겨트로] 2. [까까주세요] 3. [무르피]입니다. 3번은 [무르비]로 하는 경우가 종종 있지만 'ㅍ' 소리를 살려서 쓰는 게 맞습니다.

'밥이에요'가 맞아, '밥이예요'가 맞아?

에요/예요

글을 쓰거나 말을 하다 보면 그냥 하나로 통일하면 안 될까 싶은 말이 있어요. 대표적인 것으로 **-에요**와 **-예요**가 있습니다. 일단, '에요'와 '예요' 이 둘을 머릿속에서 싹 지우고 얘기를 시작해보겠습니다. 때로는 지우고 처음부터 따져보는 게 편하거든요.

우선 '-이다'와 '아니다'에만 '-에요'가 붙을 수 있습니다. 그러면 '-이에요'와 '아니에요'가 되겠지요? 여기서 '-이에요'는 줄어서 '-예요'가 됩니다. 말을 빠르게 하면 그렇게 발음이 되니 이해가 쉬울 겁니다. 예를 들면 이렇습니다.

- "이건 과자**이에요**?(혹은, 과자**예요**?)"
- "과자가 아니**에요**(혹은, 아녜요), 빵**이에요**."

'되어요'가 줄면 '돼요'가 되는 것처럼 '-이에요'가 '-예요'가 됐다고 생각할 수 있겠습니다.

　보통 우리는 '-이에요' 앞 낱말의 끝 글자에 받침이 없으면 '-예요'로 줄여서 쓰곤 합니다. 예문의 첫 문장도 "과자이에요"보다 "과자예요"라고 많이 씁니다('과자이에요'가 틀린 것은 아닙니다). 그런데 쉽게 이해되지 않는 상황이 또 있어요. 사람 이름 뒤에 이게 붙을 때인데요. "저 코난이에요" 같은 상황 말입니다. '-이에요'가 와야 되는 것 아닐까 하는 생각이 드는데요.

　우리가 친구에 대해 얘기할 때 이름 끝 글자가 받침이 없으면 그냥 "연아" 식으로 말하지만, 받침이 있는 경우엔 "기홍이"처럼 말합니다. 그런데 여기서 붙는 '이'는 사람 이름에 붙는 '접사'인데요. 이것까지를 한 덩어리로 보는 거지요. 그 뒤에 '-이에요'를 붙인다면? 예, "연아예요('이에요'의 줄임꼴)", "기홍이예요"가 됩니다.

연아 + 이에요 → "연아예요"
기홍이 + 이에요 → "기홍이예요"

문제입니다. 다음 두 문장의 표시된 부분을 줄여주세요.

1. 이 시간에 게임방에 오라고 하면 '아니 되어요.'

2. 춤을 잘 춘다며? 대표로 나가서 '추어봐.'

정답 "안 돼요", "춰봐"입니다. 말이 줄어들면 글자가 복잡해져서 어색할 때가 있지요? 그래도 원래의 모양을 따져 보면 이해에 도움이 될 거예요.

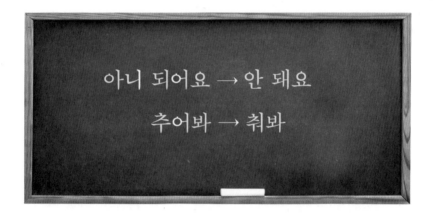

아니 되어요 → 안 돼요

추어봐 → 춰봐

어따 대고? 얻다 대고!

아리송한 줄임말들

머리칼
잡지마

갑자기 화가 나서 누군가에게 버럭 고함을 지르면 종종 이런 말을 듣게
됩니다.

"너, 어따 대고(×) 눈을……"

위의 문장에서 ×로 표시한 부분은 잘못 쓴 건데요.
2013년 한 방송 프로그램에서 가수 김종민 씨가 맞혀
화제가 됐을 만큼 맞춤법이 틀리기 쉬운 말입니다. 맞
는 말은 **얻다 대고**인데요. 이것은 "어디에다 대고"
의 준말입니다. '어디에다'가 줄면서 '얻다'가
됐습니다.

"아니, 이 녀석!
얻다 대고
화를 내는 거야?"

준말에 대해서는 몇 차례 언급한 적이
있는데요. 원래 말의 모습을 살리며 줄
어드는 것이 특징입니다. 이 책의 제목인
밭다리 걸기도 '바깥다리 걸기'가 줄어든

것이지요.

우리말 중에는 준말이 참 많습니다. 몇 가지만 볼까요? '가지가지'가 줄어 **갖가지**가 됐습니다. '머리카락'은 줄어서 **머리칼**이 됐고요. '고만두다'는 줄어서 **관두다**가 됐습니다. 난 "그만두다"라고 하는데? 이 말은 줄이면 **간두다**가 되겠지요. 맞춤법이 잘 틀리는 말 중 하나인 **요새**는 '요사이'가 줄어든 말입니다.

그러면 **근데**는? 예, '그런데'가 원래 말입니다. "일로 와" 할 때의 **일로**는 '이리로'를 줄인 말입니다. **갖다**(가지다), **딛다**(디디다), **조그맣다**(조그마하다)처럼 동사·형용사 중에서도 준말을 많이 찾아볼 수 있습니다.

앞서 나온 '요새'는 '요세(×)'로 잘못 쓰기도 하는데요. 줄여 쓸 때 맞춤법이 헷갈리는 말들, 다른 장에서 다루기도 했지만 문제로 몇 개 다뤄보고 마무리할게요.

다음 문장들의 표시된 부분 중 잘못된 것은 무엇일까요?

1. 나 어제 초등학교 때 담임선생님을 '봤어.'
2. '오랜만'이었겠구나
3. 큰일이다. 숙제를 '안 했네.'
4. 이런 '어떻해.'

정답 4번

1번 '봤어'는 '뵀어'가 줄어든 말입니다. '뵈+ㅓㅆ'이 합쳐졌지요. 2번 '오랜만'은 '오래간만'의 준말인데요. '간'의 'ㄴ'이 살아 앞에 붙었습니다. 3번의 '안'은 '아니'가 줄어든 겁니다. 4번은 '어떡해'가 맞습니다. '어떻게 해'가 줄어든 건데요. '어떡'와 '게'의 'ㄱ'이 더해진 모양입니다(50쪽을 참고하세요).

눈에 확 '뛰'잖아?

뛰/띄/띠

"숨겨도 트윙클(twinkle) 어쩌나~

눈에 확 뛰잖아? 띄잖아?"

인기 그룹 소녀시대 중 세 명이 '태티서'란 이름으로 부른 「트윙클」의 일부인데요. 마지막 부분 가사는 정확히 뭘까요? 노래를 들어보면 정확히 구별이 안 되는데요…….

뛰다는 '기다'보다 많이 빠르고, '걷다'보다도 빠른 몸동작이지요. 멋있게 표현하기 위해 "너의 모습이 내 눈 안에서 뛰고 있어"처럼 쓸 수도 있겠지만 위 노래는 상황이 다릅니다.

띄다는 '뜨이다'를 줄여 쓴 말인데요. 이 낱말엔 우선 "보이다"라는 뜻이 있습니다. 물속에 있던 것이 물 위로 뜨면 눈에 잘 보이겠죠.

"네가 숨긴다고 숨겨도 이를 어쩌나,

눈에 띄는데……."

태티서의 노래 가사는 그래서 "눈에 확 띄잖아"가 맞습니다. '띄다'는 "띄어쓰기한다"는 말처럼 어떤 둘 사이의 간격을 벌릴 때에도 씁니다. 이 때는 '띄우다'가 줄어든 꼴이지요.

뛰다/띄다와 모양이 비슷한 말로 **띠다**도 있습니다. 셋을 같이 놓고 보니 왠지 헷갈리는데요. 이 낱말은 모양과 같은 '(허리)띠'를 생각하면 이해가 쉽습니다. '띠다'의 첫 번째 뜻은 "띠나 끈을 두른다"는 겁니다. 곧 몸에 무언가 지니고 있을 때 쓰는 말인데요. 이 말의 쓰임을 넓히면 "은수가 슬쩍 미소를 띠고 있어"라던가 "저 정당은 보수적 성격을 띠지"처럼 쓸 수도 있답니다.

문제입니다. 다음 문장의 빈 칸을 '뛰/띄/띠' 중 맞는 것으로 채워주세요.

1. 빨리빨리 와라. 걷지 말고 ( )어.

2. 아이템은 일단 눈에 ( )는 대로 먹어 둬.

3. 입술이 파란 빛을 ( )는 걸 봐서 체한 거 아냐?

4. 글 쓸 때 ( )어쓰기는 정말 어렵더라고.

정답 1. 뛰, 2. 띄, 3. 띠, 4. 띄

河己失音 官頭登可

든지/던지

어떤 회사에 걸려 있는 사훈(?)이라며 인터넷에서 화제가 된 글이 있어요.

"河己失音 官頭登可"

뜻을 붙이자면 "강이 소리를 내지 않고 묵묵히 흘러가는 것처럼 열심히 일해야 승진할 수 있다"인데요. 그 음인 "하기실음 관두등가"가 마치 "하기 싫으면 관두□가"와 비슷하다고 하여 화제가 됐었지요.

굳이 인터넷 우스개 글을 예로 든 것은 저 '□' 때문인데요. '든'이 들어갈까요, '던'이 들어갈까요? '등'과 비슷한 '든'이 여기에 맞는 말인데요. 든? 던? 참 헷갈립니다.

이 상황에서 조금 도움이 되는 건 TV 프로그램 제목인 「무엇이든 물어보세요」입니다.

"무엇이'든', 뭐'든'지."

위 두 단어는 꽤 익숙해서 덜 헷갈릴 거예요. 그렇다면 다음 그림에서 빈칸을 채운다면 어떤 말이 어울릴까요?

당연히 '든'이 맞겠죠. -든(지)는 나열된 것 중 아무거나 '선택'될 수 있는 상황일 때 쓰는 어미(말꼬리)입니다. 위 문장이 그러한 예인데요. 요즘에는 "뭐 시간 나면 들르든지?"처럼 다른 상황을 나열하지 않고 쓰기도 합니다.

"엄마, 배고픈데 먹을 것 좀 주세요!
빵이□ 과자□ 뭐든지요."

밥이든 빵이든…… 뭐든지
정말 좋더라. 얼마나 좋던지…….

-던지는 과거 경험이나 기억을 얘기할 때, 혹은 막연하게 추측해서 얘기할 때 쓰는 어미(말꼬리)입니다. 다음과 같은 경우인데요.

"주말에 명동에 나갔는데, 외국인이 어찌나 많'던지' 한국말이 잘 안 들리'더라.'"

위 문장에 '던지' 말고 '더라'도 따로 표시를 해두었는데요. "외국인이 많던지……"는 "외국인이 많더라"로 바꿔도 뜻이 통하지요. 비슷한 '-더라'와 '-던지'를 묶어서 생각하면 맞춤법을 이해하는 데 한결 도움이 되지 않을까 싶습니다.

그럼, 끝으로 문제를 풀어보든지 말든지……. 😊

다음 빈칸에는 뭐가 맞을까요?

1. 려하·려은이도 좋아하(든/던)?

2. 상진이가 전화로 살살 꼬셨다. "밥만 먹고 가(든/던)가?"

3. 성욱이도 생각이 났(든/던)지 페이스북 사용자 검색을 해보았다.

- -

정답 1. 던, 2. 든, 3. 던

1번 "좋아하던?"은 과거 기억을 묻는 상황이죠. 고르는 상황이 아닙니다. 2
번은 "가든가, 말든가" 선택을 하는 상황입니다. 3번 역시 이전 기억을 얘기
하는 건데요. 정확히는 앞에서 설명한 "막연하게 추측해서" 얘기하는 상황
입니다. 타인의 속내는 짐작만 하게 되는 때도 있으니까요.

왜? '왠지'만 있다

왠/웬

왠일로!

"아, 오늘은 왠~지……."

'응답하라 1988' 세대라면 기억하실 유행어랍니다. 음악다방 DJ가 느끼한 말투로 이런 말을 날리던(?) 때가 있었지요(한번 여러분 어머니나 아버님께 여쭤보세요). 물론 우리도 가끔 이 말을 씁니다. DJ가 아니더라도 말이에요.

그런데 글로 쓰다 보면 자꾸 '왠'과 '웬'이 왠지 헷갈립니다. 발음이 비슷해서겠지요? 결론부터 말하면 '왠'은 딱 한 곳, **왠지**에서만 쓰입니다. 나

오늘은 '왠지'
이 음악을!!

머지는 '웬'이 들어가지요.

'왠지'는 '왜인지'를 줄여서 쓴 말입니다. '왜+인지→왜+ㄴ지→왠지' 이런 식의 변화인데요. 말 그대로 이 말은 "왜"를 뜻합니다.

'웬'은 뜻밖의 상황, 낯선 상황에서 쓰는 말입니다. 사전에서는 "어찌된, 어떠한"으로 풀이하고 있지요. 사극에서 자주 듣게 되는 말 "**웬 놈**이냐!"라든지 뜻밖의 일이 생겼을 때 쓰는 "**웬일이니**" 등처럼 쓰입니다. 뜻은 다르지만 '웬만하다'에도 '웬'이 들어갑니다('우연만하다'의 준말입니다만, 모르셔도 될 것 같습니다).

'왠/웬'이 가장 헷갈리는 상황은 다음이 아닐까 싶은데요. 문제로 함께 생각해보겠습니다.

빈칸에는 무엇이 들어갈까요?

토리는 '□일인지' 회사를 쉬고 싶어졌다.

정답 웬

예, 정답은 '웬'입니다. '왠'은 '왠지'만 있다고 했으니 당연한걸 텐데요. '웬일인지'와 '왠지'는 사실 바꿔 써도 문장의 뜻이 통합니다. 하지만 뜻 자체가 같지는 않아요. '웬일인지'는 '어쩐 일+인지, '왠지'는 '왜'+인지입니다. 돌려서 표현하느냐, 직접적으로 표현하느냐의 차이라고 할 수 있는데요. 만약 두 단어를 상대에게 묻는 상황에서 쓰면 차이가 크게 느껴집니다. "왜 오셨어요?"는 공격적인 느낌입니다. "어쩐 일로 오셨어요?", 혹은 "어떻게 오셨어요?" 정도가 편안하지요. 참고로 영어로도 "왜 왔어?"를 표현할 때 "Why do you come here?"라고 하면 취조하는 느낌이 들어 자칫 싸움을 부를 수 있는 상황이 됩니다. 보통 "What brings you here?"(직역하면, 뭐가 널 오게 한 거야?) 식으로 표현합니다.

의사로서, 칼로써?

로서/로써

얼마 전 우연히 본 케이블방송에서 MC 전현무 씨가 맞춤법 문제를 풀고 있었습니다. '아나운서 출신인데 당연히 맞히겠지'라고 생각한 순간 "틀렸다"는 탄식들이 흘러나옵니다. '무슨 맞춤법인데 틀렸지?' 급히 관심이 쏠립니다.

"안 된다면 안 되는 줄 알아. 의사로(서/써) 명령이야. 너는 그 보답으로 (서/써) 완쾌하면 돼."

평소 자주 사용하는 말인데 유독 글로 쓸 때 헷갈리는 것들이 있습니다. 대표적인 경우가 바로 '로서'와 '로써'인데요. 무엇이 다르고, 어떻게 구분해야 하는지 알아볼까요?

• 나는 선생님으(로서/로써) 학생들을 가르칠 책임이 있다.

117

먼저 **로서**는 받침 없는 체언이나 'ㄹ' 받침으로 끝나는 체언 뒤에 붙는 조사로, "어떤 지위, 신분, 자격을 가지고"라는 뜻을 지닙니다.

예문을 보면 "나는 선생님이기 때문에 학생들을 가르칠 책임이 있다"로 풀어 쓸 수 있습니다. 선생님이라는 신분이나 자격을 나타내는 것이죠. 때문에 정답은 '로서'입니다.

반면 **로써**는 "어떤 수단이나 도구를 가지고"라는 뜻을 지닌 조사입니다. 위 예문에서 '선생님'이 수단이나 도구가 될 수는 없겠죠? 그럼 아래 예문에서 '콩'과 '빵'은 어떨까요? 콩은 메주를 쑤는 수단이 되고, 빵은 밥을 대신하는 도구가 됩니다. 따라서 모두 '로써'를 써야 합니다.

- 그의 말이라면 콩으로써 메주를 쑨다고 해도 믿지 않는다.
- 빵으로써 밥을 대신한다.

자, 그럼 처음으로 돌아가 전현무 씨가 틀린 문제를 다시 볼까요?

"안 된다면 안 되는 줄 알아. 의사로(서/써) 명령이야. 너는 그 보답으로 (서/써) 완쾌하면 돼."

첫 번째 괄호에서 의사가 신분, 자격을 나타낸다는 건 아시겠죠? 따라서 **의사로서**가 맞습니다. 문제는 두 번째 괄호였는데요. 먼저 보답을 수단, 도구로 본다면 "보답을 가지고 완쾌하면 돼"가 되는데 말이 안 되죠? 따라서 '로써'는 아닙니다. 이 글에서 로서는 '자격'을 말하는 동격 관계입니다. 즉 '보답=완쾌'로 본 것이므로 '보답으로서'로 써야 맞습니다.

하지만 이 같은 사전적 뜻만으로 '로서'와 '로써'를 구분하기 어려운 경우가 있습니다. 이럴 때는 '로써'가 '~로 써서' 또는 '~를 써서'에서 온 말이라는 것을 염두에 두면 구분하는 데 도움이 될 수 있습니다. 즉 "칼로써 연필을 깎는다"는 "칼을 써서 연필을 깎는다"로 풀어서 생각하면 됩니다.

의사로서 명령이야!

문제입니다. 다음 보기 중 맞춤법이 틀린 것은?

1. 국민의 한 사람으로서 도저히 못 참겠다.
2. 가게 주인으로서 서비스할 의무가 있다.
3. 문자가 아닌 말로서 설명하겠습니다.
4. 대화로써 갈등을 풀 수 있을 거야!

정답 3번
말은 '도구'를 의미하므로 '로써'가 맞습니다.

뜻은 같은데 쓰임은 달라!

율/률

2015년 6월은 '메르스' 때문에 전 국민이 공포에 휩싸였던 달이었어요. 중동호흡기질환인 메르스로 인해 마스크 쓴 사람들의 풍경이 익숙해졌고, 거리는 한산했으며, 등굣길 체온을 체크하느라 초등학교 정문에 길게 줄지어 선 어린이들의 모습이 낯설지 않았는데요. TV를 켜면 뉴스 화면을 통해 확진자, 완치자, 치명률 등 메르스 현황을 실시간으로 보여주기도 했습니다.

그런데 '치사율'은 익숙해도 '치명률'이라는 단어는 왠지 생소하게 느껴지는데요. 사전을 찾아보니 "어떤 병에 걸린 환자에 대한 그 병으로 죽는 환자의 비율. 백분율로 나타내는 말"로 **치사율**과 같은 뜻의 단어라고 나오네요. 여기서 의문점 하나, 왜 치사'율'이고 치명'률'일까요?

외출할 땐 마스크 착용

'비율'을 나타내는 **률, 율**의 구분은 한 가지 규정만 기억하면 됩니다. 바로 앞말에 받침이 있느냐 없느냐 하는 것인데요. 받침이 없는 말 뒤에선 무조건 '율'로 적습니다. **감소율, 소화율, 이자율, 점유율** 등의 경우입니다. 하지만 받침이 있는 말 뒤에선 '률'로 표기합니다. **경쟁률, 입학률, 취업률**처럼 말입니다. 단 예외가 있는데요. 'ㄴ' 받침 뒤에서는 '율'로 적습니다. **백분율, 생존율, 불문율** 등으로 쓰는 것도 그 때문입니다.

그럼 이 규칙을 치사율과 치명률에 적용해볼까요? 앞말(치사)에 받침이 없기 때문에 치사'율'이 되고, 받침이 있는 치명엔 '률'이 붙는 것입니다.

이 원칙이 똑같이 적용되는 상황이 있는데요. 바로 **렬**과 **열**입니다. **나열, 배열, 우열, 분열**과 같이 앞 글자가 받침이 없거나 'ㄴ' 받침으로 끝날 때는 '열'로 적고요. **정렬, 행렬**처럼 받침이 있을 때는 '렬'로 표기합니다.

한 달여간의 고군분투 끝에 메르스는 종결됐습니다. 하지만 아직도 지나가다 누군가 기침하면 쳐다보게 되고, 행여 재채기라도 하면 미간을 찡그리게 되는 풍경. 사람이 사람을 멀리하게 되는, 어쩌다 이런 지경이 되었을까 조금은 씁쓸한데요. '메르스 사태'를 반면교사 삼아 평소 청결관리와 면역력을 강화하기 위해 건강을 지키는 것! 우리가 할 수 있는 일은 비록 작지만 최선의 방법이겠죠?

오늘의 문제입니다. 다음 중 맞춤법이 틀린 것은 어느 것일까요?

1. 합격률
2. 시청율
3. 달성률
4. 할인율

정답 2번

간혹 'ㅇ'을 받침으로 생각하지 않아 '시청율'이라고 쓰는 경우가 있는데 '시청률'이 맞는 말입니다.

둘째마당

발다리 감아 돌리기

우린 참말로 표준어다

뷁, 거시기, 시방

평소 서울말을 잘 쓰는 지방 출신 정민. 책을 읽거나 발표할 때엔 곧잘 서울말을 쓰지만, 고향 친구를 만나 수다 떨 때면 자연스레 사투리가 튀어나옵니다. 특유의 억양도 짱짱하게 드러나고요. 여러분 주위에도 그런 분들이 많을 거예요.

사투리는 표준어는 아니지만 약 51만 개의 말이 실린 표준국어대사전에 당당히 자리를 차지하고 있습니다. 국립국어원은 "해당 지역에서 널리 쓰이는 말, 또는 지역의 특징을 잘 보여주는 말은 사전에 등록할 수 있다"고 합니다.

뷁

'부엌'의 줄임말입니다.

그런데, 사전을 찾다 보면 사투리가 아니었나 싶은 표준어들이 눈에 띄는데요. **아따**, **거시기**, **참말로** 등 사투리 느낌의 낱말이 모두 표준어로 나옵니다. 뜻도 익히 알고 있는 대로이고요. "몹시 고생스러운 일을 겪다"는 뜻을 가진 **욕보다**도 사전에서 만날 수 있습니다. **시방**은 "지금"과 같은 뜻이고요. **식겁하다**는 "뜻밖에 놀라 겁을 먹다", **걸쩍지근하다**는 "말 따위가

표준국어대사전 검색 결과

거리낌 없다"는 뜻의 표준어입니다.

　한때 인터넷에서 유행하던 말 '붸'과 비슷하게 생긴 **붴**도 표준어인데요. 이것은 부엌의 줄임말입니다. 컴퓨터 문서 작업 때 어떤 폰트에선 글씨체 적용이 안 될 만큼 모양이 특이해요. 욕설 느낌이 물씬 풍기는 **씨불거리다**

는 "주책없이 자꾸 실없는 말을 하다"로 사전에 나옵니다. **가새표**는 '가위표'와 같은 말이고요. **헐하다**는 "값이 싸다"는 뜻입니다. 헐값의 '헐(歇)'과 같은 한자를 쓰지요. 사투리인 것 같아서 이런 말들을 쓸 때 살짝 주춤하셨다면 이제 좀 더 편

'경상도 사람만 아는 말'이라는 제목으로 온라인 게시판에서 화제가 되었던 이미지. '헐심더'는 '쌉 니다'는 뜻입니다.

하게 쓰셔도 될 것 같습니다.

이와 달리 의외의 사투리도 눈에 띄는데요. 요즘 들어 많이 쓰는 **널널하다**(널럴하다가 아닙니다)는 "널찍하다"는 뜻의 함경남도 방언으로 사전에 올라 있습니다. 여러분 또래의 나이 어린 층에서 잘 쓰는 **얼척 없다**는 "어처구니없다"는 뜻의 전라도 사투리랍니다.

사투리는 의사소통 편의를 위해 공적인 자리나 문서에선 잘 사용하지 않아요. 그렇지만 절대로 좋고 나쁨으로 구분할 수 있는 말이 아닙니다. 오히려 문화의 다양성을 잘 보여주는 자산이지요. 사투리가 없다면, 한동안 우리가 즐겨 보았던 「응답하라1994」와 같은 드라마는 없었을지도 모릅니다. 자이언츠 야구팬들의 "마!" 응원도 없을 거고요. "혼저 옵서예" 대신 "어서 오세요"라는 인사가 제주 관광객을 맞는다면 어떤 느낌일까요?

저는 좀 서운할 것 같습니다. 지역 고유의 정감이 뚝뚝 묻어나는 사투리를 들으면 괜스레 마음이 푸근해지는 기분, 저 혼자만 느끼는 걸까요?

안방극장을 강타한 「응답하라1994」. 많은 사람들이 추억에 잠겨 사투리의 향연을 즐겼겠지요.

마무리 문제는 재미로 해보는 '사투리 해석하기'입니다.

1.무사 영 햄서. (제주도요~)

2.내 아래께 믓다. (경상도요~)

3.밭 일 좀 했더니 고뱅이가 아파. (강원도요~)

4.오늘 날씨가 영 개갈 안 나네. (충청도요~)

5.참말로 오져 죽것네. (전라도요~)

정답 1. 왜(무사) 이렇게(영) 해(햄서)?
　　 2. 나 그저께 먹었다.
　　 3. 밭 일 좀 했더니 무릎이 아파.
　　 4. 오늘 날씨가 영 시원치 않네.
　　 5. 참말 좋아 죽겠다.(오지다=좋다)

'몇'과 '일'의 환영 못 받는 연애

몇 년, 몇 월, 며칠

"생년월일은 □년 □월 □일 □시?"

사주를 보러 간다면, 이 질문부터 받을 텐데요. 질문을 한글로 쓰면 어떻게 될까요? 현재의 맞춤법 규정에 따르면 "몇 년 몇 월 며칠 몇 시"가 됩니다. '□일'이지만 **며칠**입니다. 쉽게 이해되지 않는 상황인데요.

국립국어원에 따르면 '몇 일'은 없고 '며칠'만 쓴다고 합니다. 왜 그런 걸까요? '몇 일'은 정말 쓰면 안 되는 걸까요?

첫 번째 이유_발음

단어와 단어가 만나거나, 자립할 수 있는 두 단어가 만나 한 단어가 된 경우 각각의 소리를 살려줍니다. 그래서 '몇 월'의 경우 '몇[면]+월[월]'이므로 'ㄷ' 발음이 살아 [며둴]로 발음됩니다. '몇 인분'도 [면+인분→며딘분]으로, '몇 위'도 [며뒤]로 읽힙니다.

그런데 논란의 이 말은 우리가 [며칠]로 발음합니다. [며딜] 혹은 [면닐]로 읽히지 않기 때문에 '몇 일'일 리가 없다는 것이 '며칠'이 선택된 이유입니다.

하지만, 같은 논리에서 반대의 결과를 낸 낱말도 있습니다. **맛있다**가 그것인데요. '맛[맏]'과 '있다[읻따]'가 합쳐진 말이므로 [마딛따]가 돼야 하지만, 1988년 고시된 표준발음법에 따르면 많은 사람들이 쓰는 [마싣따]도 예외적으로 같이 허용합니다. '며칠'의 근거로 보면 이 낱말의 표기도 '마싰다'로 해야 하는 것 아니냐는 볼멘소리가 나올 법합니다.

■ 제15항 받침 뒤에 모음 'ㅏ,ㅓ,ㅗ,ㅜ,ㅟ'들로 시작되는 실질 형태소가 연결되는 경우에는, 대표음으로 바꾸어서 뒤 음절 첫소리로 옮겨 발음한다.

밭 아래 [바다래]	늪 앞 [느밥]	젖어미 [저더미]	맛없다 [마덥따]
겉옷 [거돋]	헛웃음 [허두슴]	꽃 위 [꼬뒤]	

다만, '맛있다, 멋있다'는 [마싣따], [머싣따]로도 발음할 수 있다.

표준발음법 4장 제 15항 내용

2014년 7월까지 진행되며 인기를 모았던 개그콘서트 '두근두근'의 한 장면. 동창인 남녀가 서로에 대한 마음을 숨기고 친구로서만 지내다 마지막 회에서 결국 애인 사이로 이어집니다.

두 번째 이유_어원

국립국어원에 따르면 '몇+-을(접사)'이 '며칠'로 변화한 것으로 보고 있는데요. 여기서 '-을'이 '일(日)'과는 관련이 없다는 설명입니다. '며칠'이 '몇일'과는 뿌리가 다르다는 거죠. 결국 '몇 일'은 불가능할까요?

두 번째 이유는 달리 보면 두 표현 방식이 공존할 수 있는 가능성을 보여줍니다. '이틀'이라는 말이 있지만 '2일'도 쓰고 있는 것처럼 말이죠.

게다가 몇 년, 몇 월 등에서 보듯이 '몇 일'은 띄어쓰기를 합니다. 한 단어가 아니라 사전에 담긴 두 단어를 조합했다는 말입니다. '망아지'라는 말이 있다고 해서 '새끼 말'을 쓰면 안 된다고 하지 않잖아요?

'며칠'과 '몇 일'에 대한 헷갈림의 문제는 과거에도 있었습니다. 1933년 '한글맞춤법통일안'에서는 '몇 일'을 버리고 '며칠'을 택한다고 했습니다. 1978년 12월16일 문교부가 발표한 어문 관계 개정 시안에서도 같은 내용이 있는데요. 당시 내용을 보도한 동아일보 12월18일자에는 '며칠' 대신 '몇 일'이 차라리 낫다는 한 교수의 글이 실리기도 했습니다.

'며칠'에 대한 설명을 하는 것은 이 글처럼 간단하지 않습니다. 당연히 이해하기도 쉽지 않습니다. 이런 상황에서 언중(言衆)이 불편을 겪는 것도 사실입니다.

언젠가 '몇'과 '일'이 좀 더 편하게 만나, '□일'이 '며칠' 아닌 '몇 일'이 될 수 있을까요? 지금부터 많은 사람들이 [며딜]이라고 발음한다면 조금 그 시기가 당겨질지도 모르겠습니다.

마무리 문제입니다. 다음 중 발음이 다른 것은 몇 번일까요?

1. 붓 안에 숨겨왔다. - 붓의 'ㅅ'

2. 몇 인분 드려요? - 몇의 'ㅊ'

3. 저 옷 멋없다. - 멋의 'ㅅ'

4. 꽃으로도 때리지 마라. - 꽃의 'ㅊ'

정답 4번

　　'-으로'는 혼자 쓰일 수 없는 조사입니다. 꽃의 'ㅊ' 발음이 연음되어 [꼬츠
로도]로 읽힙니다. 나머지는 'ㄷ' 발음이 납니다.

야구 용어로 만나는 불편한 진실

방어율, 직구

2014년 가을이었어요. "와~ 금메달이닷!" 하고 갑자기 내지르는 아들의 환호성에 저도 얼른 TV를 쳐다봤지요. '아시안게임 야구 2연패 달성'이라는 큼지막한 자막과 함께 모든 선수들이 그라운드에 뛰어나와 얼싸안고 즐거워하고 있었습니다. 참 이상해요. 이럴 때는 야구에 대해 잘 모르면서도 야구에 아주 관심이 많았던 사람처럼 나도 모르게 애국심이 생기며 감동이 밀려오거든요. 야구경기보다 야구장에서 즐기는 '치맥(치킨+맥주를 일컫는 말)'에 관심이 더 많았지만, 이참에 야구에 대해 좀 더 알아볼까 하는 욕심도 생기더라고요.

그래서 야구광인 초등학생 아들에게 야구의 기초 용어부터 가르쳐달라고 했는데요.

"저건 뭐고, 이건 뭐지?"

우리말인지 외래어인지 국적을 알 수 없는 알쏭달쏭한 용어—특히 일본어의 잔재가 담긴 용어가 많은 것 같았지요—들을 아들 녀석이 마구

쏟아내는 바람에 그만 머리가 복잡해지고 말았답니다. 관심도 쏙 사그라졌고요. 하지만! 이번 시간엔 그때의 기억을 되살려 잘못 쓰이는 야구용어[1]를 한번 알아볼까 해요. 요즘은 역시 야구가 대세니까 말입니다.

용병 → 외국인 선수

'용병'이란 "돈을 받고 싸우는 군인"을 뜻하지요. 그런데 이를 외국에서 온 선수에게 사용하는 것은 이들을 돈을 받고 뛰는 정도로만 생각하고 있음을 드러내는 것입니다. 따라서 **외국인 선수**라고 표현하는 게 적합합니다.

대한민국 대표팀은 2014년 9월28일 인천 문학야구장에서 열린 '2014 아시안게임' 야구 대만과의 결승전에서 6대3 승리를 거두며 금메달을 획득했습니다.

---

1 허구연 해설위원의 의견과 야구기자 등 전문가들의 도움을 받아 정리했습니다.

방어율 → 평균자책점

일본에서 온 용어인 '방어율'은 "투수가 방어한 비율"이라는 뜻인데요. 이는 방어율이 높을수록 그 투수가 우수한 선수라고 생각할 수 있기 때문에 자칫 오해를 불러일으키기 쉽습니다. 방어율은 투수의 '자책점×9/소화한 이닝'으로, 결국 "투수가 한 게임(9이닝)당 내준 평균(Average) 자책점(Earned Runs)"입니다. 따라서 **평균자책점**이 더 옳은 표현이겠지요.

직구 → 속구

이 역시 일본식 단어를 그대로 번역한 건데요. 일본에서는 '패스트볼(fastball)'을 '스토레-토(ストレート)볼'이라고 하는데 그걸 직역한 것이 '직구'입니다. 투수가 던질 수 있는 가장 빠른 구종이고 또한 좌우 변화가 가장 적은 공이어서 '똑바로 나가는 것' 같이 보이기 때문에 많은 이들이 직구를 써왔는데요. 직구보다는 "빠른 공"이라는 뜻을 가진 **속구**란 명칭이 더 적합합니다.

사사구?

'사사구(四死球)'는 '사구(四球)'와 '사구(死球)'를 합친 용어인데요. 첫 번째 '사구(四球)'는 "타자가 볼 네 개를 걸러내어 출루하는 것"을 말합니다. 일본 야구 관계자들이 볼이 네 개인 데 착안, '포볼(four ball)'이라는 용어를 만들었고 이를 우리

사사구(四死球) 대신 쓸 수 있는 좋은 말을 찾아 주세요.

나라가 그대로 사용해왔는데요. 요즘엔 **볼넷**(Base on Balls·BB)이라는 용어로 고쳐 쓰고 있답니다.

두 번째 '사구(死球)'는 "타자의 몸을 맞히는 투구"로 일본식으로 '데드볼'로 불렸는데요. 1990년대 이후 허구연 해설위원을 비롯한 많이 이들이 방송을 통해 바로잡아 **히트 바이 피치트 볼**(Hit by Pitched Ball·HPB)이라는 영어식 표현으로, 혹은 **몸에 맞는 공**이라는 우리말로 많이 바뀌었답니다.

이렇듯 두 용어를 쓰지 말자며 많은 노력을 기울여왔는데, 정작 이 둘을 합친 용어 '사사구'는 여전히 쓰이고 있답니다.

이번 시간에는 문제 대신 '사사구'의 순화어를 선택해주시면 좋겠습니다.
여러분의 좋은 의견을 받습니다!
1. 한글 뜻을 그대로 조합한 '볼넷 몸에 맞는 공'
2. 한글 머릿글자를 조합한 '볼넷 몸공'
3. 영어 머릿글자를 조합한 'BB HPB'
4. ?

정답 아직은 단순하고 똑떨어지지 않아 대화나 문장에서 쓰기 어색할 수 있어요. 대중의 동의를 얻어야 하는 문제도 남아 있고요. 그렇지만 여러 방송사들과 야구인들의 노력으로 잘못 쓰이는 일본식 용어들이 **시나브로**(모르는 사이에 조금씩) 고쳐졌듯이 일본어의 잔재가 담긴 용어들을 '시나브로' 고쳐 써나가는 것이 야구를 좋아하는 사람들이라면 해야 할 일 아닐까요?

한글 띄어쓰기를 처음 한 사람이 외국인?

우리가 몰랐던 한글 이야기

10월 9일은 한글날입니다. 세종대왕이 한글을 반포한 1446년을 기준으로 벌써 570년 가까이 시간이 흘렀습니다. 1991년부터 공휴일에서 제외됐으나 2013년부터 다시 공휴일이 됐습니다. 이번엔 조금은 덜 알려진 '한글 이야기'를 할까 합니다.

띄어쓰기는 누가?

"짱구씨발냄새나." 인터넷에 우스개로 도는 문장인데요. 띄어쓰기를 하지 않아서 욕을 하는 것 같은 오해를 부르는 말이 됐습니다. 제대로 띄어 쓴 다면 "짱구 씨 발 냄새 나"가 되겠지요?

조선시대 말까지 조상들의 글쓰기는 오른쪽 위부터 아래로 하는 세로 쓰기 방식이었습니다. 띄어쓰기도 없었지요. 그렇다면 띄어쓰기는 언제 처음 나왔을까요?

지금까지 알려진 바로는 1877년 영국 목사 존 로스(John Ross)가 편 『조

138

선어 첫걸음(Corean Primer)』이 그 첫 번째 사례입니다. 한글 문장이 먼저 나오고, 그 아래 발음, 또 그 아래에 해당되는 영어 단어를 차례로 대응시켜 놓았는데요. 영어식으로 자연스레 띄어쓰기를 한 것으로 보입니다. 사진에서처럼 가로쓰기도 보입니다.

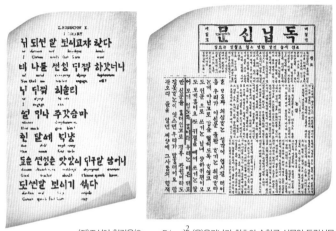

(좌)조선어 첫걸음(Corean Primer)[2] (우)우리나라 최초의 순한글 신문인 독립신문

이후 1896년 서재필, 주시경, 미국인 선교사 헐버트 등이 만든 〈독립신문〉이 간행물로는 최초로 띄어쓰기를 한 것으로 평가 받습니다. 물론 〈독립신문〉은 최초의 순한글 신문이기도 하지요. 창간호인 4월7일자 1면 '논설(사설)'을 보면 이와 관련된 부분이 나오는데요. 일부를 소개하면 다음과 같습니다.

2 국립국어원 '쉼표, 마침표'

"모두 언문으로 쓰는 것은 남녀 상하귀천이 모두 보게 함이오, 또 구절을 띄어쓰는 것은 알아보기 쉽도록 함이다."

이후 1933년 조선어학회가 만든 '한글맞춤법통일안'이 나오면서 띄어쓰기는 보편화됩니다.

중국어와 일본어는 현재도 띄어쓰기를 하지 않아요. 중국어는 뜻글자이므로 띄어쓰기가 없어도 이해하는 데 큰 어려움이 없고, 일본어는 한자·히라가나·가타카나를 섞어 쓰기 때문에 큰 불편이 없습니다.

한글은 유네스코 문화유산?

일부에선 한글이 유네스코 세계문화유산으로 올랐다는 얘기를 합니다. 하지만 이는 1997년 유네스코 세계기록유산에 '훈민정음 해례본(解例: 예를 들어 해설함)'이 올라간 것을 확대 해석한 것으로 엄밀히 말하면 맞지 않습니다.

유네스코 유산은 세계유산, 인류무형문화유산, 세계기록유산 세 가지가 있으며, 세계기록유산에는 훈민정음 외에 난중일기, 5·18민주화운동 기록물, 새마을운동 기록물 등 13개 한국 기록물이 올라 있습니다.[3]

한편 유네스코는 1990년부터 매년 '세종대왕문해상(King Sejong Literacy Prize)'을 주고 있는데요. 문맹퇴치에 기여한 개인이나 단체 두 곳이 그 대상입니다.

3 우리나라의 유네스코 유산 목록은 이곳에서 볼 수 있습니다.
　☞ http://www.unesco.or.kr/heritage

또 한 가지 이야기는 문제로 해보겠습니다. 한글날은 처음에 다른 이름이었습니다.
무엇이었을까요?

1. 훈민정음날

2. 가갸날

3. 가나다날

4. 천지인날

정답 2번

1926년 조선어연구회(後에 조선어학회)가 『왕조실록』의 "9월에 훈민정음
이 이루어졌다"는 내용을 근거로 음력 9월29일(마지막 날로 임의 지정, 당
시 양력 11월4일)을 기념하기 시작했습니다. 당시 한글은 언문, 조선글, 가
갸글(가갸거겨 순으로 가르친 데에서 나온 것으로 추정), 암클(여자들이
쓰는 글) 등으로 불렸습니다.

이후 1928년에 '한글날'로 이름이 바뀌었고, 날짜도 양력으로 환산해 10
월 29일, 10월 28일로 바뀌었지요. 그러다 1940년 『훈민정음 해례본』이 발
견되는데요. 1945년 책에 담긴 '9월 상한(上澣, 상순을 의미)'이라는 글을
근거로 상순의 끝 날인 음력 9월 10일을 양력으로 환산한 10월 9일을 한
글날로 확정합니다. 반포 500돌인 이듬해엔 공휴일로 지정되었고요.

너와 난 생각이 '틀리다'고? 아니 '달라'

다르다/틀리다

2013년에 방송된 드라마 「너의 목소리가 들려」를 기억하시나요? 이종석과 이보영 콤비의 '연상녀, 연하남'이란 대세 커플에 복수로 얽힌 스토리와 용서라는 감동, 게다가 주옥같은 대사까지……. '히트 드라마의 종합선물세트'라고 해도 과언이 아닐 텐데요.

틀린 건
맞지 않다는 뜻이고,
다른 건
같지 않다는 뜻이잖아

-〈너의 목소리가 들려〉 6회 중

아직도 '다르다'와 '틀리다'를 구별하지 못하는 거야?

사실 저는 이 드라마 제목이 김영하 씨의 소설과 같고 델리스파이스의 곡 「차우차우」의 중독성 있는 후렴구 가사여서 관심을 가졌는데요. '어록' 대열에 합류한 이종석의 대사를 살펴보다 무릎을 탁 치며 "정답!"이라고 외치고 말았답니다. 바로 **다르다**와 **틀리다**를 설명한 부분에서 말이에요. 우리는 언젠가부터 '다르다'를 써야 할 자리에 '틀리다'를 쓰고 있습니다. 크게 잘못된 것 같지도 않고요. 분명 뜻도 다르고 품사도 다른데 말입니다. 이렇게 잘못 쓰는 이유는 뭘까요? 단어 먼저 차근차근 살펴볼게요.

다르다

형용사로서 "같지 않다, 관계가 없다, 차이가 있다" 등의 의미로 사용합니다. "저 두 사람은 쌍둥이인 데도 성격은 아주 다르네", "역시 전문가라 다르군!", "가을 하늘은 여름과 정말 달라요!" 같이 쓰이지요. '같다'의 반대말로 영어의 'Different'의 뜻입니다.

틀리다

동사로서 "옳지 않다, 잘못됐다", 또는 "바라거나 하려는 일이 순조롭지 않다"란 부정적 의미로 쓰입니다. "어제 시험에서 답을 두 개나 틀렸어!", "아까 마트에서 한 계산이 틀린 것 같아", "약속시간에 맞춰서 가기는 틀렸네"와 같이 쓰이죠. 반대말은 '맞다'이고, 영어의 'Wrong'에 해당합니다.

틀린 그림 찾기

틀린 부분 찾기? 다른 부분 찾기!

위의 그림을 보세요. 두 사진에서 틀린 부분은 어디일까요? 오른쪽 사진에만 자전거가 있는 게 틀린 부분일까요? 아니죠. 그건 '다른 부분'이지 '틀린 부분'이 아닙니다. 그럼 틀린 부분은? 예, 제목이 틀렸네요. '틀린 그림 찾기'가 아니라 '다른 그림 찾기'가 맞습니다.

왜 많은 사람들이 이처럼 '다르다'와 '틀리다'를 헷갈릴까요? 여러 가지 원인이 있겠지만, 전문가들은 나와 다른 것은 무조건 틀리다고 생각하는 자기중심적이고 획일적인 사고가 우리 의식 속에 자리 잡고 있기 때문이라 주장합니다. '틀리다'와 '다르다'를 구분하지 못하는 언어습관은 또 나와 다른 것을 인정하지 않는 사고를 형성할 수도 있겠죠. 나와 다른 것을 인정하는, 다양성과 개성이 존중되는 사회였으면 하는 바람입니다. 아울러 '다른' 것을 '틀린' 것으로 오해하는 일도 없었으면 좋겠고요.

144

오늘의 문제! 다음 중 맞는 문장은 몇 번일까요?

1. 신세대의 사고방식은 우리와 정말 틀려.

2. 고등학교는 중학교와는 또 달라.

3. 그 소문은 사실과 전혀 틀려.

정답 2번

　　1, 3번은 '틀려'가 아니라 '달라'가 맞습니다.

가을 야구에 등장한 '벙어리장갑'

삼가야 할 장애인 비하 표현

'가을' 하면 여러분은 무엇이 떠오르나요? 단풍, 독서, 가을소풍, 가을운동회……. 저는 2014년을 뜨겁게 달궜던 '가을 야구의 진수' 한국시리즈가 떠오릅니다. 어느 금요일 저녁이었어요. 모처럼 일찍 퇴근한 저는 아들과 한국시리즈 3차전을 보다가 평소 야구경기에선 접할 수 없는 신기한 장면을 봤습니다. 삼성의 박해민 선수가 처음 보는 장갑을 끼고 나온 거예요. '아, 저건 뭐지'라고 생각하던 차에 캐스터의 말이 귓전을 때렸습니다.

"아! 박해민 선수, 벙어리장갑을 끼고 나왔네요."

알고 보니 박해민 선수가 2차전 때 왼쪽손가락을 다쳐 이를 보호하기 위해 장갑을 끼고 나온 것이었죠. 더욱이 그날 박해민의 부상투혼이 삼성 승리의 기폭제가 돼서 '박해민 벙어리장갑'은 하루 종일 화제가 되었지요. 그런데 문득 드는 의구심 하나.

○○○장갑

2014년 프로야구 한국시리즈 3차전에
출전한 박해민 선수가 끼고 나온 두툼한 장갑

146

"엄지손가락과 나머지 네 개 손가락을 따로 넣을 수 있는 장갑인데, 왜 하필 벙어리장갑일까. 언어장애인을 비하하는 벙어리와 장갑은 무슨 관련이 있을까?"

벙어리장갑의 어원에 따르면 '벙어리'에는 "푼돈을 넣어 모으는 질그릇"이라는 사전적 뜻이 있습니다. 따라서 "벙어리장갑 모양이 질그릇처럼 생겨서 붙은 이름"이라는 말이 전해집니다.

또 하나는 "언어장애자는 성대와 혀가 붙어 있다"고 믿은 옛날 사람들이 네 개 손가락이 붙어 있는 형태의 장갑을 보고 벙어리장갑이라고 부르기 시작했다는 주장인데요. 꽤 설득력이 있습니다. 그런데 이 주장이 사실이라면 이는 청각·언어장애인들에게 더할 나위 없이 큰 상처가 되겠죠. 이렇게 장애인을 비하하는 언어가 사전에 버젓이 올라 있는데도 우리는 아무 의심 없이 널리 사용하고 있는 게 현실입니다.

이 같은 문제를 인식한 듯한 사회단체가 2014년 초 '벙어리장갑'의 새로운 이름을 지어달라는 캠페인을 벌인 것은 매우 다행스러운 일입니다. 남을 비하하는 말 말고 본연의 기능인 "착용의 간편함과 추위를 막는 데 도움이 되는 장갑"으로 부르자는 취지였지요. 이름 후보로는 '엄지장갑', '주머니장갑', '손모아장갑' 등이 있었습니다. 이 단체는 계속적인 홍보활동을 통해 벙어리장갑 제작·유통기업, 판매 매장점포가 벙어리장갑의 명칭을 바꿔 표기할 수 있도록 독려할 예정이라고 합니다.

또 다른 노력도 있습니다. 2014년 말 인권위원회에서는 언론에서 '장애자'나 '불구자' 등 25년 전 개정된 표현을 그대로 쓰는 경우가 많다며 '벙어리' 대신 **언어장애인**으로 사용하자고 권장했습니다. 아울러 '장님' 대신

시각장애인, '절름발이' 대신 **지체장애인** 등의 올바른 표현을 써야 한다고 밝혔지요. 이렇듯 장애인을 낮잡아 말하는 잘못된 언어를 개선해나가자는 움직임이 일고 있는 것은 그나마 다행스러운 현상입니다. 그들에게도 모욕 받지 않을 권리, 행복할 권리가 있기 때문이죠.

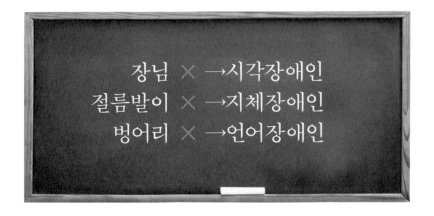

11월11일은 지체장애인의 날입니다. '빼빼로데이'란 정체불명의 날로 초콜릿과자가 넘치는 거리 대신 지체장애인이 신체적·정신적 제약 없이 더 자유롭게 활보할 수 있는 거리가 되었으면 좋겠습니다. 우리가 무심코 던진 말 한마디가 그들의 마음까지 장애로 만들고 있는 건 아닌지 다시 한 번 생각해보면 어떨까요?

문제 나갑니다. 다음 보기 중 장애인을 낮잡아 말하는 용어가 아닌 것은 무엇일까요?

1. 정신박약

2. 귀머거리

3. 정신질환자

정답 3번

　　1번 정신박약은 '지적장애'를, 2번 귀머거리는 '청각장애인'을 낮잡아 말하는 용어입니다.

4흘 뒤에 갈게?

아라비아 숫자 읽고 쓰기

'1004', '1010235', '8282'…….

위 숫자들의 공통점이 뭔지 아세요? 예, 바로 휴대폰이 일반화되기 전 1990년대 중반을 이끌었던 '삐삐'시대의 번호들입니다. 얼핏 암호 같은 숫자로 보이지요? 각각 '천사', '열렬히 사모', '빨리빨리'라는 뜻을 담고 있답니다. 오직 숫자만 전송 가능한 상황에서 나온 재치인데요. 이런 재치를 과도하게 쓴 걸까요? 요즈음 어색한 숫자 활용이 눈에 띕니다.

"2틀 만에 배송됐어요!!"

"10흘 동안 휴가 써도 괜찮을까요?"

어때요, 읽는 데 어색하지 않으셨나요? 다음 문장은 또 어떨까요?

"4흘 뒤부터 경기가 시작됩니다."

사흘? 나흘? 어떻게 읽을지 멈칫하게 만드는데요. 이런 표현은 인터넷 기사에서도 간혹 보입니다. 아라비아 숫자의 활용은 어디까지 가능한 걸까요?

150

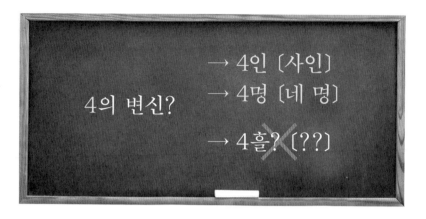

국립국어원에 따르면 "맞춤법에 아라비아 숫자에 대한 별도 규정은 없다"고 합니다. 한글맞춤법 규정 부록 편에서 '문장 부호'를 다루고 있는 것에 비하면 다소 의외입니다.

하지만 국어원도 현실에서 널리 쓰이는 숫자의 활용은 인정하고 있는데요. 1, 2, 3을 일, 이, 삼으로 읽지만 한 명, 두 그릇 등을 1명, 2그릇으로 쓰는 것은 괜찮다는 입장입니다.

이런 표현이 널리 쓰이는 건 숫자로 표시하는 것이 이해에 더 도움 되기 때문일 텐데요. "송년 모임에 스물두 명이 왔는데 남자는 두 명뿐이었다"보다 "……22명이 왔는데 남자는 2명뿐이었다"가 아무래도 눈에 잘 들어오니까요. 영어의 경우에도 'first(첫 번째), second(두 번째)'를 '1st, 2nd' 식으로 표현하곤 하지요.

숫자+단위 쓸 때 궁금합니다[4]

숫자를 한국어로 읽는 경우, 예를 들어 한 잔, 두 그릇, 세 벌…… 이런 경우는 숫자 부분을 1, 2, 3으로 쓰는 게 부자연스러워 보여요. 원칙적으로는 1잔, 2그릇, 3벌 이렇게 써도 되는 건가요?

답변 제목 : 수 표현

작성자 온라인가나다

안녕하십니까?
질의하신 수 표기(고유어/한자어)와 아라비아숫자는 서로 교체하여 표현할 수 있으므로 '1잔, 2그릇, 3벌'로 표현할 수 있습니다.

숫자의 사용도 사회적 약속입니다. 9990원을 우리는 "구구구공 원"이 아닌 "구천구백구십 원"으로 읽습니다. 하지만 '010-1234-5678'은 "공일공일이삼사 오륙칠팔"로 읽잖아요?

다시 앞쪽 얘기로 돌아가 '하루'부터 '열흘'까지를 숫자를 이용해 억지로 표현한다면 어떻게 될까요? '1루, 2틀, 3흘, 4흘, 5새, 6새……'처럼 매우

---

4 국립국어원 홈페이지 '온라인 가나다' 문답 내용 일부 갈무리

난감한 모양들이 나옵니다. 무엇보다 이런 표현을 많은 사람들이 쉽게 이해하고 쓸 수 있어야 하는데 현실은 그렇지 않은 게 사실입니다. 소통을 위해 쓰기엔 적합하지 않은 것이죠.

어떤 사람들은 '3일'이 왜 **사흘**인지 헷갈려 합니다. 발음 때문일 텐데요. 순우리말로 날을 셀 때는 하나, 둘, 셋에서 열까지 차례로 대입하면 이해에 도움이 됩니다. '셋-사흘, 넷-나흘'처럼 말이죠. 어원이 불분명한 '이틀'은 예외입니다.

마무리합니다. 날짜 세기 문제입니다. 괄호를 채워주세요.

하루, 이틀, 사흘, 나흘, ( ), 엿새, 이레, 여드레, ( ), 열흘

- -

정답 닷새, 아흐레

뭐라고? '머라고'가 표준어라고요?

구어적 표현이 표준어가 되다

"뭐야뭐야~ 엄마 이제 왔어?"

"어~ 좀 늦었어."

"뭐지? 이 느낌은. 엄마 목소리가 아빠 같아."

초등학생인 아들은 한동안(꽤 오랫동안) 말끝마다 "뭐야뭐야~", "뭐지? 이 느낌은"을 붙였습니다. 당시 일요일 밤에 보았던 「개그콘서트」에 나온 유행어였는데요. 뭐가 그리 웃긴지 자기가 말해놓고도 깔깔대며 자지러지게 웃곤 했지요.

「개그콘서트」 '쉰밀회'의 한 장면

154

그러더니 급기야 일기장에도 그 말을 쓰더라고요. "머야머야, 내가 먼저 빌리고 싶은 책이었는데 친구 OO가 꺼내서 가져가버렸다." 그걸 본 순간 "유행어는 일기에 쓰지 마"라고 말하고 싶었지만, 꾹 참았다가 며칠 뒤 "일기엔 유행어 말고 느낌을 적도록 하자. 그리고 '머야머야'는 잘못된 말이야. '뭐야뭐야'가 맞아"라고 일러주었지요.

 국립국어원 @urimal365 · 9월 26일
'뭐라고'를 '머라고'로 쓸 수 있습니다. '머'는 '뭐'를 구어적으로 이르는 말로, "혼자서 머 먹니?","언니는 머를 좋아하니?"와 같이 쓸 수 있습니다. #표준어 RT '뭐라고/머라고'

그로부터 며칠 뒤, 저는 국립국어원 트위터를 살펴보다 깜짝 놀랐습니다. '머야머야'도 맞는 말이라는 사실을 알게 되었거든요. 2014년 9월 국립국어원이 "'머'는 '뭐'를 구어적으로 이르는 말로 표준어가 맞다"는 글을 올린 거예요. 게다가 새로운 사실이 아니라 '머'는 1950년대 한글학회 사전부터 표준어로 인정받은 말이라고 합니다. 궁금해서 얼른 사전을 찾아봤습니다.

- **뭐** : 대명사, 감탄사 '무어'의 준말
- **머** : 대명사, 감탄사 '뭐'를 구어적으로 이르는 말

그렇다면 "이게 **머라고요?**", "**먼일**이래요?", "그게 **먼데요?**", "그게 **먼소리**

예요?" 등등을 다 써도 된다는 말입니다. 사람들이 많이 사용하니까 표준어로 지정했다는 건데요. 이 같은 사례는 또 있습니다. 바로 '짜장면'입니다. 2011년 8월 당시 표준어와 표기 형태는 다르지만 "대중적으로 많이 사용되는 단어도 표준어로 인정한 경우"로 **짜장면**(자장면), **택견**(태껸), **품새** (품세) 세 개가 있었습니다.

여기서 생기는 궁금증 하나. '머라고'가 맞다면 '머라구'는 안 되는 걸까요? 이 역시 사람들이 많이 쓰는 말인 데다 '싸다구'라고 광고하는 쇼핑몰이나 가요 제목 「라구요」가 생각나서요. 저와 같은 생각을 한 사람이 또 있었나 봅니다. 국립국어원에서 답변을 댓글로 달아놓았는데요.

 국립국어원 @urimal365 · 9월 26일
@june252525 '머라고요?'가 맞습니다. '*-라구'라는 어미는 없습니다.   #맞춤법

어떤 말은 표준어가 되고 어떤 말은 안 되고……. 구어적으로 많이 쓰이니까 표준어로 지정한다는 국립국어원의 기준이 뭔지 자못 궁금해집니다.

아무리 언어가 사회를 반영한다지만, "소리대로 적되 어법에 맞도록 함이 원칙"이라는 한글맞춤법 조항을 잊고 있는 건 아닌가 하는 쓸쓸함이 듭니다.

마무리 문제입니다. 다음 중 틀린 문장은 어느 것일까요?

1. 뭣모르고 저지른 일이야

2. 언니는 머 좋아해?

3. 머 어쩌고저쩌고?

4. 지금 가려고요

정답 1번

"까닭이나 영문, 내막 따위를 잘 알지 못한다"는 뜻으로는 '멋모르다'가
맞습니다. '뭣모르다'는 사전에 없는 말입니다.

도찐개찐, 맞는 말일까요?

틀린 유행어 바로잡기

"도찐개찐~ 도찐개찐~ 엎어치나 메치나, 거기서 거기, 오십 보 백 보~"

2014년 말, 「개그콘서트」에 '도찐개찐'이란 코너가 생겼습니다. 처음엔 알 수 없는 의상이며 말장난이 심하다는 생각에 '무슨 코너가 저러지……' 싶었는데요. 날이 갈수록 사회 풍자 솜씨도 늘고, '도찐개찐'이라는 말의 재미까지 맞물려 저 역시 관심을 갖게 되었답니다.

'도찐개찐', 무슨 뜻일까?

한 번은 깔깔거리며 이 코너를 보던 중 문득 '도찐개찐'의 어원이 궁금해졌습니다. 사전에 등재된 정식 단어인가, 정확한 표기가 맞나 하는 호기심도 생겼고요. 그래서 얼른 사전을 뒤져봤지요.

일단 '도찐개찐'은 사전에 올라 있지 않습니다. 국립국어원에 문의한 결과 정확한 표현은 **도 긴 개 긴** 혹은 **도긴 개긴**이라는 답변을 받았습니다.[5] 그러면 **긴**은 무엇일까요? 윷을 던져서 도·개·걸·윷·모 다섯 가지 중 하나가 나오면 그만큼 말이 움직이는데요. 이때 "자기 말로 남의 말을 쫓아 잡을 수 있는 거리"를 '긴'이라고 합니다. 따라서 '도긴 개긴'은 윷판에서 쓰이는 말로 "도의 거리에 있든 개의 거리에 있든 거기서 거기"라는 의미의 말이 됩니다.

「개그콘서트」 제작진도 "도토리 키 재기인 상황을 유쾌하게 보여주는 코너"라고 밝힌 만큼 이 같은 뜻으로 쓰인 게 맞는 것 같습니다. 그럼 '도찐개찐'이란 말은 잘못된 표현임을 모르고 쓴 걸까요? 아니면 알고도 그냥 쓴 걸까요?

「개그콘서트」에서 잘못된 언어를 사용한 적은 이번만이 아닙니다. '뿜엔터테인먼트'라는 코너가 있었죠. 거기서 "잠시만요. 보라 언니 ○○하고 가실게요"라는 유행어를 탄생

주의

〈~하고 가실게요〉는 주체 높임형 선어말어미 '-시'와 약속형 종결어미 '-ㄹ게'가 함께 쓰인 잘못된 표현으로, 〈~할게요/~하겠습니다〉가 바른 표현입니다.

'~하고 가실게요'가 잘못된 높임말임을 자막처리한 모습

---

5 글을 쓴 2014년 12월엔 '도긴 개긴'으로 써야 했는데요. 하지만 2015년 6월24일 국립국어원은 띄어쓰기를 안 한 '도긴개긴'도 표준어로 인정하고, '도찐개찐'은 '도긴개긴'으로 순화하도록 권고했습니다.

시켰는데요. 이는 잘못된 높임말로 그 당시엔 비표준어임을 인정, 자막 처리한 사례였습니다.

또 있어요. 잘못된 언어를 사용한 것은 아니지만 한국석유공사 측의 요청으로 아예 코너 이름까지 바꾼 사례가 있는데요. 바로 '만수르'를 '억수르'로 바꾼 것입니다. '만수르'는 아랍에미리트연합의 석유 재벌이자 잉글랜드 프리미어리그 맨체스터시티 구단주입니다.

'만수르'에서 '억수르'로

일반적으로 된소리(ㄲ, ㄸ, ㅃ, ㅆ, ㅉ)나 거센소리(ㅋ, ㅌ, ㅍ, ㅊ)가 예사소리(ㄱ, ㄷ, ㅂ, ㅅ, ㅈ)보다 더 입에 착 달라붙죠. 욕설이나 비방어가 된소리나 거센소리가 많은 것도 이 같은 이유 때문인데요. 역시 '도찐개찐'도 '도긴 개긴'보다 입에 더 착 달라붙습니다. 하지만 전 연령대가 보는 인기 프로그램인데, 코너 이름을 만들 때 사전을 찾아보고 처음부터 바른 말을 쓰면 어땠을까 하는 아쉬움도 듭니다.

문제입니다. 이번 문제는 '2014년을 빛낸 유행어' 중 찾아봤는데요.
맞춤법이 틀린 유행어는 몇 번(복수 정답)일까요?

1. 앙대여~

2. 아이고 의미없다~

3. 으리! 으리!

4. 호로록호로록~ 같이 먹지요~

정답 1번, 3번

　　'앙대여'는 '안 돼요', '으리'는 '의리'가 맞는 말입니다.

가치담배? 담배 한 가치?

개비/가치/개피

2015년 벽두부터 '담배' 때문에 나라가 들썩였는데요. 새해 결심에 빠지지 않는 금연 이야기는 기본이고, 특히 올해는 2000원이나 오른 담배 가격 때문에 '어떻게 하면 더 싸게 살 수 있는지'가 애연가들에겐 초미의 관심사가 되었습니다. 아예 '만들어 피우자'는 사람들도 등장했지요. 이쯤 되면 '담배 대란'임이 분명한데요. 이런 가운데 수십 년 만에 반가운 말이 등장했습니다. "담배 한 개비 300원!" 저도 어릴 적 텔레비전에서나 보았던 장면인데요. 동네 구멍가게나 가판대에서 팔던 '낱개 담배'를 뜻

'개비', '개피', '가치', '까치' 뭐라고 말해야 되는 거야?

합니다. 그런데 '개비담배', '개피담배', '가치담배', '까치담배'……. 부르는 말도 가지각색이네요. 뭐가 맞는 말일까요?

국립국어원에서 이 단어들을 찾아봤는데요.

- **개비** : ① 가늘게 쪼갠 나무토막이나 기름한 토막의 낱개. ② (수량을 나타내는 말 뒤에 쓰여) 가늘고 짤막하게 쪼갠 토막을 세는 단위
- 개피 : '개비'의 잘못
- 가치 : '개비'의 잘못. '개비'의 북한어
- 까치 : '개비'의 잘못

결국 '개비'가 맞는 말이네요. 그런데 '담배 한 가치, 두 가치'는 잘못된 말이라면서 '가치담배'는 "갑에 넣지 않고 낱개로 파는 담배"라는 뜻으로 사전에 올라 있네요. 그러면서 '개비담배'는 사전에 없습니다. 어찌된 일인지 궁금해서 국립국어원에 문의한 결과 다음과 같은 답변을 받았습니다.

 국립국어원 @urimal365 · 10월 1일
가늘고 짤막하게 쪼갠 토막을 세는 단위로 '개비', '가치', '까치'가 쓰이고 있지만, 이들 중 개비만 표준어임을 알려드립니다. 가치담배의 경우 관용적으로 굳어진 것으로 보고 이것만 표준어로 인정하고 있습니다.

결국 담배를 셀 때는 **개비**가 맞고, 낱개 담배를 말할 때는 **가치담배**처럼 한단어로 쓰거나 **개비 담배**처럼 띄어써야 한다는 말인데요.

"대중적으로 많이 사용되는 단어도 표준어로 인정한다"는 국립국어원 취지에는 공감합니다. 하지만 담배를 '한 가치'로 쓰는 것은 잘못됐다면서 '가치담배'는 표준어로 인정한다는 것은 앞뒤가 안 맞습니다. 사람들을 더욱 혼란스럽게 만드는 게 아닌가 싶은데요. 기준이 좀 더 명확해졌으면 하는 바람입니다.

문제입니다. 다음 '담배' 관련 보기 중 표준어가 아닌 것은 몇 번일까요?

1. 담뱃값이 무려 2000원이나 올랐네.

2. 담배나 피우고 올게요.

3. 재털이는 어디 있어요?

4. 담배 두 갑만 주세요.

정답 3번
　　'재떨이'가 맞는 말입니다.

멜빵·담배·냄비·시소 중
'순우리말' 한 개는?

토종 우리말 같은 외래어 이야기

"우리나라의 대표적인 음식?" 하면 김치가 빠지지 않는데요. 또 '김치' 하면 배추김치가 가장 먼저 떠오릅니다. 유서 깊은 우리의 자랑스러운 음식 문화이죠. 그런데 김치의 주재료인 고추가 들어온 지 400년 정도밖에 되지 않았다는 사실, 아시나요? 저도 처음 들었을 때 충격(?)을 좀 받았답니다(고추의 역사에 대해선 다른 의견도 있어요).

빨간 배추김치만 김치라고 생각한 고정관념도 잘못이고, 고유의 음식이니 그 재료도 당연히 고유의 것이리라 생각한 것도 잘못이었습니다. 고추가 해외에서 들어왔다고 해서 김치의 맛이나 가치가 달라지지는 않을 텐데 말이죠.

냄비는 일본어였다?

우리말에도 유래를 알고 나면 "어?" 하는 반응을 보이게 하는 말들이 있어요. 물론 외래어도 우리말의 일부고, 외국에서 들어왔지만 모양이 변하

며 우리말처럼 된 것들도 있습니다. 이번 시간에는 그런 말들을 소개해보
려고 합니다(궁금해하는 분들을 위해 제목의 답부터 말하자면 '멜빵'입니다).

멜빵

냄비, 시소, 담배……
외국에서 온 말?

◆ 제발 **담배** 좀 끊어요!

새해 들어 가격이 오르며 얘깃거리가 된 '담배'는 포르투갈어 'tabaco'가
일본(タバコ, tabako)을 거쳐 들어온 말입니다. '담바고'로 불리다 담배로 바
뀌었지요.

◆ **빵** 하나 주면 안 잡아먹지!

우리에게 친근해진 먹을거리 '빵'. 이젠 떡보다 빵을 찾는 사람들이 더 많
은데요. 빵도 포르투갈어 'pao'가 출발점입니다. 역시 일본을 거쳐 들어온
것으로 알려집니다.

◆ **미라**가 발견되었다고?

"썩지 않고 건조된 인간·동물의 사체"를 뜻하는 '미라'도 포르투갈어입니

다. 'mirra'라고 쓰지요.

◆ 라면은 노란 **냄비**에 끓여야 제 맛

'냄비'도 서민적인 느낌의 말이라 왠지 토종 우리말 같은데요. 일본어 '나베(なべ, nabe)'에서 왔다는 게 일반적 견해입니다. 국립국어원에 따르면 19세기 문헌에서 '남비'라는 말이 처음 나오는데요. 지금은 모양이 바뀌어 '냄비'로 쓰입니다. 일식당에서 흔히 볼 수 있는 '나베'는 "냄비요리 또는 냄비"를 뜻합니다.

◆ **가방**이 우리말 아니라고?

일본어와 발음이 거의 같은 '가방'은 네덜란드어 'kabas'가 일본(かばん, kaban)을 거쳐 변한 뒤 들어온 말입니다.

◆ 엄마, **시소** 타러 가요!

어릴 때부터 동네 놀이터나 학교 운동장에서 많이 접했던 '시소'. 예, 그래서인지 '시소'도 우리말인 듯 느껴집니다. 그러나 '시소'는 영어 'seesaw'를 그대로 들여온 것이랍니다.

◆ **망토**와 **고무**

'망토'와 '고무'는 프랑스어 'manteau'와 'gomme'에서 왔습니다. 고무는 일본(ゴム)을 거쳐 들어왔다고 보기도 해요.

◆ 주일 미사? 주일 예배?

성당의 주요 의식인 '미사'는 한자어 느낌이 나지만, 실은 라틴어 'missa'입니다. 예수가 행했던 최후의 만찬을 기념하여 행하는 제사 의식이죠. 가톨릭교회에서 가장 중심이 되는 의식인데요. 대개 '말씀의 전례'와 '성찬의 전례' 두 부분으로 이루어집니다.

헹가래와 멜빵, 외래어일까, 우리말일까?

앞의 말들과 반대로 외래어 느낌이 나는 순우리말도 있습니다. 제목에서 언급한 **멜빵**이 그중 하나인데요. "바지 등이 흘러내리지 않게 어깨에 걸치는 끈"을 뜻하지요. 관련된 말로 '질빵'도 있습니다. "짐을 지기 위한 도구에 붙인 줄"을 뜻하지요(예: 지게 질빵).

헹가래도 토종 우리말이랍니다. 흙을 파고 떠내는 농기구인 '가래'를 쓰는 가래질에서 나온 말이지요. 한 사람이 가래를 잡고, 둘 또는 네 사람이 가래에 달린 끈들을 당겨서 가래질을 합니다.

과일 이름, 너희의 정체를 밝혀라!

상큼한 느낌의 과일 중에는 의외의 한자어들이 많이 보입니다. 겨울의 대표 과일 **귤**(橘), 여름에 나는 **포도**(葡萄), **자두**(紫桃, 자도에서 나온 말), 가을에 많이 나는 **사과**(沙果/砂果) 등이 모두 그런 예입니다. 봄의 대표 과일 **딸기**, 어른들이 즐겨 드시는 **배**와 **참외**는 순우리말입니다.

동물 이름에도 한자어가 많은데요. 문제입니다. 국내 프로야구 10개 팀 이름 중 실존하는 동물은 넷입니다. 이 중 순우리말 동물은 무엇일까요?

정답 4번

호랑(虎狼 범 '호', 이리 '랑')이, 사자(獅子), 독(禿, 대머리·민둥민둥하다 '독')수리는 한자어이거나, 한자어가 섞인 말입니다.

한국의 명소 '인사동'은 일본이 만든 이름?

고쳐야 할 일본식 지명

인사동 거리를 수놓은 한글 간판들

며칠 전 오랜만에 가본 인사동. 저에겐 직장생활을 시작한 남다른 장소여서 그런지 많은 외국인들과 현대적 감각의 건물들로 조금은 변한 풍경이 그리 낯설지만은 않았는데요. 길을 걷다 그 시절 잘 가던 골목 깊숙한 식당을 발견하곤 어찌나 반갑던지 "역시 인사동이구나~" 하면서 잠시 추억에 젖었답니다.

하긴 인사동은 N서울타워와 함께 '외국인이 뽑은 한국의 관광명소' 1, 2위를 다투는 장소로서 한국을 느끼기에 더할 나위 없이 좋은 곳이죠. 특히 인사동 거리는 영문 표기가 당연한 듯했던 유명 브랜드들의 한글 간판이 즐비해 다시금 '한국 전통거리의 힘'을 실감케 합니다. 그런데 인사동이란 지명을 일본이 만들었다는 사실, 알고 계셨나요?

'인사동, 송도' 제 멋대로, '종로, 북창동' 한자만 바꿔

일제강점기, 일본인들은 우리 민족을 와해시키기 위해 각종 민족말살정책을 펼쳤는데요. 한국인 이름을 일본식으로 강제로 바꾸게 한 데(창씨개명) 이어, 지명까지도 일본식으로 마음대로 바꿔버렸습니다.

먼저 **인사동**은 '관인방[6]'의 '인'과 절이 있어서 이름 붙은 '대사동(大寺洞)'의 '사'를 따서 만든 이름입니다. **청운동**도 청풍동의 '청'과 백운동의 '운'을 합성해 만든 이름입니다. 그나마 이곳들은 기존 지명을 한 글자씩이라도 반영했지만, 전혀 관련 없는 이름을 붙인 경우도 많습니다.

많은 기업들의 사옥이 있는 **태평로**는 조선시대에 없었습니다. 중국 사

---

6 조선시대 초기부터 있던 한성부 중부 8방 중의 하나

신들이 묵던 숙소인 '태평관'이 있었다는 이유로 일본이 붙인 이름이지요. 또 있습니다. '한국의 국제도시'로 발돋움하고 있는 인천 **송도**가 그렇습니다. 송도의 한자 표기는 '松島'입니다. 송도는 갯벌이 유명한 곳으로, 갯벌을 메워 육지화한 곳이죠. 이처럼 섬도 아닌데 '島(섬 도)'가 들어갔네요. 인천으로 드나들던 일본의 전함 '마쓰시마'의 한자 표기가 바로 '송도'여서 지명이 된 것입니다.

더 교묘한 방법도 있습니다. 한자를 바꿔 전혀 다른 뜻이 되게 한 경우인데요. **인왕산**의 한자 표기는 '仁王山'이었습니다. 그런데 일제 때 '仁旺山'으로 이름이 변했습니다. '旺'은 일본의 '日'과 '王'을 합친 것으로, 일본이 조선의 왕을 누른다는 뜻이죠. 쌀 창고가 있어서 일제 때 '북미창정(北米倉町)'으로 부른 남대문 근처의 동네는 '米(쌀 미)'만 빼고 **북창동**으로 굳어졌습니다.

종로도 마찬가지입니다. 논란이 있긴 하지만, 조선시대 종로의 한자는 '鐘路'로 쓰였다고 합니다. 보신각 종(鐘)이 있기 때문인데요. 그런데 일본인들은 민족정기를 말살하고자 '종'자를 "쇠 북"을 의미하는 '鐘'에서 "술잔"을 의미하는 '鍾'으로 바꿔버렸습니다.

광복 70주년, 우리도 모른 일제 잔재 없애야

물론 지금은 일본식 지명이 많이 없어졌습니다. 1995년 정부가 추진한 일본식 지명 개선사업에 따라 한강 가운데 있다고 '중지도(中之島)'로 불렸던 지명이 **노들섬**으로 바뀌고, 인왕산이 '仁旺山'에서 '仁王山'으로 제 이름을 찾기도 했습니다. 북한산도 일제강점기 '한강 북쪽에 있는 산'이라고 붙은 이름이므로 **삼각산**(백운봉, 인수봉, 만경봉 세 개의 높은 봉우리가 삼각형으로 솟아 있다는 의미)으로 바꾸자는 운동이 활발히 전개되기도 했지요.

하지만 수십 년간 익숙해진 지명을 한 번에 바꾼다는 건 쉽지 않은 일입니다. 갑자기 바꾸기보다 공원, 지하철역 등 주민들이 많이 접할 수 있는 곳의 이름부터 바꾸는 건 어떨까요. 요즘 지하철역 명칭을 놓고 기관 홍보나 집값에 영향을 미친다는 이유로 갈등이 많은데요. 역명을 정할 때는 '옛 지명'이 최우선 순위라는 사실! 아셨나요?

2015년은 광복 70주년이 되는 해입니다. 일본의 역사왜곡을 논하기 전에 일본인이 남겨놓은 땅이름부터 바꾸려고 노력하는 건 어떨까요? 지명은 단순히 땅의 명칭이 아니라 그 땅에 사는 사람들의 문화와 역사를 담은 것이기 때문입니다.

다음 중 지역 전설이 담긴 지명이 지하철 역명이 된 것은 어느 것일까요?

1. 당고개역
2. 보라매역
3. 여의나루
4. 노들역

- -

정답 4번
　'노들역'은 수양버들이 울창하고 백로가 노닐던 옛 노량진을 '노들'이라고 부른 데서 유래했습니다. 1, 2번은 지형·상징물이 반영된 역명, 3번은 한글과 한자의 조합으로 이뤄진 지명이 역명으로 된 것입니다.[7]

---

7 참조: 배우리 한국땅이름학회 명예회장

왜 달력엔 '신정'만 있고 '구정'은 없나요?

신정, 구정의 어원과 바른 표기

우리나라 사람들이 가장 중요하게 지키는 명절이 뭐죠? 예, '구정'과 '추석'입니다. 기독교 문화를 근간으로 하는 서양 여러 나라에서는 성탄절과 부활절, 추수감사절을 최고의 명절로 지내지요. 중요하게 여기는 명절은 각각 다르지만 사랑하는 사람들과 함께 모여 맛난 음식을 나누면서 좋은 시간을 보낸다는 공통점이 있네요.

그런데 이상한 게 하나 있어요. 달력을 한번 보세요. 1월1일은 '신정'으로 표기돼 있는데, 음력설은 '구정'이 아니고 '설날'로 표기돼 있지요? 벽달력, 책상달력 등 달력마다 모두 그렇게 표기돼 있습니다. 왜 달력엔 '신정'만 있고 '구정'은 없는 걸까요?

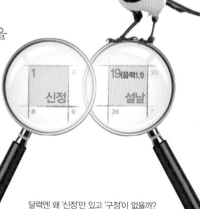

달력엔 왜 '신정'만 있고 '구정'이 없을까?

국립국어원 표준국어대사전에서 '신정'과 '구정'을 찾아봤습니다. **신정**은 "양력 1월1일, 양력설을 **구정**(舊正)에 상대하여 이르는 말", 구정은 "음력설을 신정(新正)에 상대하여 이르는 말"이라고 나옵니다. 그렇다면 신정, 구정은 모두 쓸 수 있는 말이라는 얘기인데, 왜 달력에선 '구정'이란 말을 찾아볼 수 없는 걸까요? 사전엔 '신정'과 '구정'의 어원이 나오지 않아 답답한데요. 그래서 또 찾아봤습니다.

『한국민족문화대백과사전』[8]과 『한국세시풍속사전』[9]에 나온 '설', '구정'의 의미에 따르면, 양력설을 '신정', 음력설을 '구정'으로 구분하게 된 것은 일제강점기부터라고 합니다. 전통적으로 우리나라는 음력설에 따라 생활했는데요. 태양력(양력)을 사용하는 일본은 19세기 말 우리나라에서 영향력을 높이기 위해 '우리나라 전통풍속 없애기'에 몰두했습니다. 일본이 1월1일 양력설을 강요한 것은 그들이 따르는 태양력을 우리나라에도 도입하기 위해서였는데요. 일제강점기가 되자 음력설을 없애고 옛것으로 폄하해 '구정'이라고 칭하고, 새로운 양력설을 '신정'이라고 한 것이지요. 또 1949년엔 신정이 휴무일로 지정된 대신 달력에서 음력설이 아예 사라지기도 했습니다. 이런 우여곡절 끝에 1985년 음력설은 '민속의 날'이라는 이름을 단 채 부활되었고, 지금의 설날 사흘 연휴가 시작된 건 1989년부터입니다. 그러니까 '신정', '구정' 모두 일제강점기의 잔재인 것이죠.

8 원문보기: 한국민족문화대백과사전 http://encykorea.aks.ac.kr/Contents/Index?contents_id=E0028997

9 원문보기: 한국세시풍속사전 http://folkency.nfm.go.kr/sesi/dic_index.jsp?P_MENU=04&DIC_ID=534&ref=T2&S_idx=238&P_INDEX=0&cur_page=1

그런데 국립국어원 트위터를 살펴보다 이러한 근원에 대한 답변을 발견했는데요. 한번 읽어볼까요?

 국립국어원 @urimal365 · 7월 14일
특별히 '신정'이나 '구정'이라는 말을 쓰지 않도록 정한 바는 없으며, 일본어의 영향을 받았다는 근거 또한 없습니다. 따라서 이 말들을 사용하더라도 잘못은 아닙니다. 다만, 음력으로 한해의 첫날을 일컫는 말로, 낡은 것이라는 인상을 주기 쉬운 '구정'이라는 말은 쓰지 않는 것이 좋다는 의견이 많으므로 '신정'이나 '구정'이라는 표현보다는 '양력설', '음력설'이라는 표현을 쓰는 것이 더 바람직합니다.

'신정', '구정' 대신 '양력설', '음력설'을 사용하는 게 낫다는 말인데요. 애초부터 '설'은 하나인 데다 또한 "일본어의 영향을 받았다는 것은 근거 없다"는 무성의함 대신 역사적 사실을 조금 더 확인해 정확히 알려줬다면 좋았을 텐데…… 하는 아쉬움이 들어요. 그렇다면 '신정', '구정' 대신 '새해'와 '설날'이란 용어를 사용하면 어떨까요? 내년 달력엔 '신정', '설날'이 아닌 '새해', '설날'이 적혀 있길 바라봅니다.

오늘의 문제! 다음 보기 중 일본식 표기인 것은 몇 번일까요?

1. 생떼

2. 송년회

3. 닭볶음탕

4. 굴삭기

정답 4번

　'굴삭기(掘削機, くっさくき)'는 일본식 발음입니다. 따라서 '굴착기'로 순화
해 써야 합니다.

잘못 쓰는 높임말, 어디까지 아세요?

높임말의 올바른 사용법

커피 한잔 사들고 나서는데 바뀐 컵홀더의 문구가 눈에 들어옵니다.

"주문하신 커피 나왔습니다. 저희 매장에서는 올바른 국어사용을 위해 사물존칭을 사용하지 않습니다."

반가운 마음입니다. 한동안 "주문하신 아메리카노 나오셨습니다", "결제하실 금액은 2만 원이십니다" 등등처럼 이상한 높임말 홍수에 머리가 어지러웠는데 말이죠. 이런 말들이 사물을 과도하게 높이는 잘못된 표현이라는 게 알려진 후 많은 곳에서 자정 노력을 기울이고 있습니다. 커피 전문점뿐만 아니라 백화점, 대형마트 등 유통업계에서도 사물 극존칭에 익숙해진 문화를 바로잡으려고 애쓰고 있지요. 그런데 잘못 쓰는 높임말, 이것만 있을까요?

커피는 '나오시는' 게 아니라 '나오는' 게 맞습니다.

압존법의 그늘_ "부장님, 과장님께서 아직 안 오셨습니다."

회사에서 상사인 과장이 오지 않았을 때 더 상사인 부장에게 "과장님께서 아직 안 오셨습니다"라고 말해야 할지 "과장님이 아직 안 왔습니다"라고 말해야 할지 판단이 서지 않을 때가 많습니다. 저도 신입 시절 경험했던 일입니다. 음, 이건 바로 '압존법' 때문인데요. 국립국어원에 따르면 압존법이란 "문장의 주체가 화자(말하는 사람)보다는 높지만 청자(듣는 사람)보다는 낮아 그 주체를 높이지 못하는 어법"입니다. 말이 좀 어렵나요? 쉽게 말해 "할아버지, 아버지가 아직 안 왔습니다"라고 해야 한다는 뜻입니다.

어떻게 말해야 하나? 신입은 괴로워!

그런데 직장이나 가정에서 압존법을 제대로 사용하고 있을까요? 평사원이 "부장님, 과장이 아직 안 왔습니다"라고 문법에 맞춰 말할 수 있을까요? 여러분이 할아버님께 "할아버지, 삼촌 아직 안 왔어요"라고 정확

179

하게 말하게 될까요? 예, 좀 까다롭겠네요. 어쩌면 듣는 사람 입장에서도 '어, 버릇없네!' 하고 생각할지도 모르겠습니다. 이런 현실을 반영한 것인지 국립국어원에서 발간한 『표준 언어 예절』에도 "직장에서의 압존법은 우리의 전통 언어 예절과는 거리가 멀다. 직장 사람들에 관해 말할 때에는 '-시-'를 넣어 존대하는 것이 바람직하다"고 적혀 있더군요. 즉 듣는 사람이 누구이든 자기보다 윗사람에 대해 말할 때는 높임말을 쓰는 것을 표준화법으로 본 것입니다. 따라서 부장님에게도 "과장님이 아직 안 오셨습니다"라고 말하는 게 올바른 예절이겠지요?

높임말 남용_ "이 음식 한번 드셔보세요."

마트 시식코너에 가면 자주 들을 수 있는 말입니다. 역시 틀린 표현이죠. "고기를 잡으라"는 말을 높일 땐 "고기를 잡아보세요"라고 하지 "고기를 잡으셔보세요"라고 하진 않습니다. 마찬가지로 "노래 부르셔보세요"라거나 "한 말씀 하셔주셔요"라는 건 말이 안 됩니다.

이 같이 서술어가 둘 이상 이어질 땐 맨 마지막 서술어에만 높임말을 쓰는 것이 올바른 존대법입니다. 따라서 음식을 권할 때는 "드셔보세요"가 아니라 "들어보세요"라고 말해야 합니다.

'겠'의 잘못된 사용_ "이 제품 가격은 5000원 되겠습니다."

'-겠-'은 확실하지 않은 일에 대한 추정을 나타낼 때 쓰는 어미입니다. "주말엔 비가 오겠다", "올겨울엔 따뜻하겠다"처럼 말입니다. 따라서 "이 제품 가격은 5000원입니다"로 써야 맞지요.

얼마 전 취업포털 커리어가 구직자를 대상으로 설문조사한 바에 따르면 65%가 자기소개서를 작성할 때 "국어문법 사용에 어려움을 겪는다"고 토로했습니다. 그중 "높임말 사용이 어렵다"는 답변이 큰 비중을 차지했는데요. 왜 그럴까요? 인터넷 신조어나 축약어 사용 등에 익숙한 탓에 일상생활에서 높임말을 사용할 일이 거의 없어서 제대로 사용할 줄 모르게 된 것이죠. 그런 점에서 볼 때 남녀노소 누구나 많이 찾는 커피전문점이나 상점에서 일어나고 있는 자정 노력은 높이 평가할 만합니다. 다만 이 같은 캠페인이 일회성에 그치지 말고 꾸준히 지속됐음 하는 바람입니다.

문제입니다. 다음 중 맞게 쓴 높임말은 무엇일까요?
1. 부장님, 수고하세요.
2. 반응이 아주 좋으세요.
3. 할머니, 많이 아프세요?
4. 선생님께서 너 오라고 하셔.

정답 4번
1번 "수고하세요"는 '힘들이고 애쓰라'는 뜻이어서 윗사람에겐 바람직한 인사말이 아닙니다(그런데 이걸 잘 모르더라고요 이 같은 알쏭달쏭 인사법은 '너나 수고하세요!'에서 자세히 다룰 거예요). 2번은 "반응이 아주 좋아요"로, 3번은 "할머니, 많이 편찮으세요?"로 써야 합니다.

181

완연한 봄입니다

자주 쓰지만 뜻을 잘 모르는 말

3월 중순은 집안일로 바빠질 때입니다. 두툼한 옷가지나 이불 등을 옷장 구석으로 옮겨야 하거든요. 신문이나 TV에서도 봄소식이 이어집니다. 그리고 이런 말이 곧잘 들리는데요.

"완연한 봄입니다."

'완연?' 도대체 무슨 말일까요. 무심코 써왔지만 막상 뜻이 뭘까 생각하니 설명하기가 어렵습니다. 사실, 우리가 자주 쓰는 말 중에는 정확한 뜻을 모르는 것들이 많답니다. 이번에는 그중 몇 개를 소개해봅니다.

봄기운이 완연하다

완연하다는 "눈에 보이는 듯이 뚜렷하다"는 뜻입니다. "(봄기운이) 퍼졌다"거나 "(봄이) 시작된 느낌이다" 등으로 이해했다면 조금은 잘못 알았던 셈입니다. '완연', 듣고 보니 쉬운 말이 아닌데요. '완(宛)'이 들어가는 다른 단어를 찾기도 어렵습니다. 무심코 어려운 말을 쓰기보다는 자신의 느낌

대로 쉬운 말로 써도 좋을 듯합니다.

한편, 언론에서도 '만연한 봄'이라는 잘못된 표현을 종종 쓰는데요. '만연'이란 "전염병, 사회적 악습 등 나쁜 것이 퍼지는 것"을 말합니다. 뜻이 완전히 다르지요?

연봉 동결

연봉이 '얼어붙었다!' 경제 기사에서 많이 볼 수 있는 단어 **동결**. 프로 운동선수들 연봉 기사에서도 종종 볼 수 있는데요. 연봉 동결이라고 하면 연봉이 전년과 똑같다 정도로 이해하는 분들이 많은데요. 사실 '동결'이란 말의 원뜻은 "얼어붙게 한다"는 것입니다. 라면 건더기스프를 만들 때 쓰는 방식인 '동결 건조'의 그 동결이지요. 경제 분야에서는 "자금의 이동을 못 하게 한다"는 뜻으로 쓰입니다.

박차를 가하는 건 뭘 하는 것?

"철길 개통을 앞두고 막바지 공사에 박차를 가하고 있다." 이 문장에서 쓰인 **박차**는 "말 타는 사람 구두 뒤축에 달린 톱니바퀴 모양 쇠"로 말이 빨리 달리도록 배를 찰 때 쓰는 물건입니다. 말 타는 사람이 적은 현실에 맞춰 달리 표현하자면 "가속 페달을 밟는다" 혹은 "속도를 올린다" 정도로 쓸 수 있겠지요.

노란 점선 안에 보이는 것이 '박차'입니다.

칠흙(×)이 아니라 칠흑

"칠흑 같이 어두운 밤……." 종종 볼 수 있는 표현입니다. **칠흑**이란 말 그대로 "옻'칠' 같은 '흑색'"을 말합니다. 전통 가구는 만든 뒤에 옻에서 나오는 끈끈한 액체를 바르는데요. 전통적으로 그 색은 검은색, 진한 갈색입니다. 옻칠의 '칠(漆)'은 원래 "옻나무, 또는 옻을 바르는 것"을 뜻합니다. 우리가 흔히 쓰는 말인 '칠'하다, '칠'판 등에도 같은 한자가 쓰여요.

파문이 일었다

어떤 일의 영향이 다른 곳에까지 퍼질 만큼 클 때 이런 표현을 쓰는데요. **파문**이란 "물결무늬"입니다. 물에 돌멩이를 떨어뜨리면 떨어진 곳을 중심으로 물 위에 동그란 무늬가 퍼져 가는데요. 이것을 말합니다. '파'도라고 할 때 쓰이는 파와 손가락 끝에 있는 지'문'의 문이 섞여 쓰였네요.

법·금융·의료계에서 쓰이는 말들은 일상에서 마주치기 쉽지만 이해하기 어렵다고들 합니다. 들어도 잘 이해가 안 되면 불쾌하기도 한데요. 다행히 관련 분야에서 '쉬운 말로 쓰기' 움직임이 있습니다. 그런데 평소 우리가 하는 말들은 충분히 이해하고 쓰는 걸까요? 한번쯤 짚어보면 어떨까요.

문제입니다. "그렇게 폭탄주를 자주 마시다가는 몸 버리기 십상이다."
이 문장에서 '십상이다'의 뜻은 무엇일까요?

1. 심한 상황이다.
2. 쉽게 상한다.
3. 열 번은 해야 한다.
4. 십중팔구다.

정답 4번

'십상'은 십상팔구의 줄임말로 십중팔구와 같은 말입니다. 열 중 여덟아홉일 만큼 예외가 없다는 의미입니다.

봄엔 '쭈꾸미' 아닌 '주꾸미'가 제맛이죠!

잘못 알고 있는 음식 이름

봄철엔 알이 꽉 찬 주꾸미가 그만이죠. 간만에 아들을 데리고 노량진 수산시장에 들렀습니다. 집에서 가까운 곳인데도 늘 스쳐 지나기만 했다가 이번에 큰 마음먹고 나선 거죠. 일단 한 바퀴 돌면서 시장 곳곳을 구경했어요. 새우, 바지락, 대하뿐만 아니라 도미, 방어, 숭어 등…… 온갖 수산물 덕분에 잠시 바다가 눈앞에 펼쳐진 듯한 경험을 했답니다. 도심 마트에선 절대 느낄 수 없는 그 기분이라니! 그러다 시선을 고정시키는 표지판 앞에서 발걸음을 멈췄습니다. '쭈꾸미'와 '주꾸미' 때문이었어요.

혹시나 아주머니의 심기를 건드릴까 한 봉지 사며 조심스레 질문을 던졌습니다.

'쭈꾸미'와 '주꾸미'로 각각 적혀 있는 표지판

"아주머니~ 여기 쭈꾸미, 주꾸미 둘 다 적혀 있는데 어느 게 맞는 거예요?"

"쭈꾸미! 하지만 적을 때는 주꾸미고. 그래서 둘 다 맞지."

우문에 현답이라고, 아주머니의 정확한 답변에 저도 그만 웃음을 터뜨리고 말았습니다. 살아 숨 쉬는 현장에서 뜻만 통하면 됐지 맞춤법이 무슨 소용일까 싶었지요.

이번 시간에는 수산물 이름과 관련된 맞춤법을 한번 알아볼게요. 이름을 제대로 알고 먹으면 더 맛있지 않을까요?

주꾸미/쭈꾸미, 곰장어/꼼장어

앞에서 언급한 '주꾸미/쭈꾸미'는 무엇이 맞는 말일까요? 정답은 **주꾸미**입니다. 된소리로 잘못 발음하는 단어 중 하나인데요. '곰장어/꼼장어' 역시 [꼼장어]로 많이 발음하지만 **곰장어**가 맞습니다.

암게/암케, 수게/수케

주꾸미만큼이나 많이 사랑받는 대표 수산물로 "밥도둑 중 밥도둑"인 꽃게가 있는데요. 암 꽃게/수 꽃게를 말하는 '암게/암케, 수게/수케' 중 무엇이 맞을까요. 정답은 **암게/수게**입니다.

서덜탕/서더리탕, 아귀찜/아구찜

어원과 달리 잘못 쓰이는 단어들입니다. 횟집에서 회 먹은 뒤 나오는 매운탕을 '서더리탕'으로 알고 계신 분 많으시죠? 그러나 "생선의 살을 발라내고 남은 뼈, 알, 내장" 등은 **서덜**이라고 합니다. 따라서 '서더리탕'이 아닌 **서덜탕**이라고 해야겠죠? 많이 헷갈리는 '아귀/아구'도 지역마다 부르는 이름이 다릅니다. 마산은 '아구', 경남은 '물꿩', 인천은 '물텀벙'인데요. 정확한 표기는 **아귀**입니다. 따라서 '아구찜'이 아니라 **아귀찜**으로 써야 맞습니다.

그 밖에 헷갈리는 음식 관련 단어들을 한번 정리해봤습니다.

어떠신가요. 평소 크게 신경 쓰지 않았는데, 막상 보니 잘못 알고 있던 단어가 꽤 많지요? 이제 마트나 음식점에 가면 잘못 사용되는 표현들을 콕 집어낼 수 있겠지요? 오늘은 집에 있는 마트 전단지 가운데서 잘못 표기된 단어들을 한번 찾아보세요. 생각보다 많다니까요!

오늘의 문제입니다. 다음 중 틀린 말은 무엇일까요?

1. 설렁탕

2. 상추

3. 찌개

4. 돗나물

정답 4번

　'돗나물'이 아닌 '돌나물'이 맞습니다.

이메일이 2015년에 나왔다면 @를 뭐라 불렀을까?

외래어, 꼭 필요한 만큼 쓰기

"아티스틱한 감성을 바탕으로 꾸띄르적인 디테일을 넣어 페미닌함
을……."

예? 대체 이게 무슨 뜻이냐고요? 한동안 인터넷에서 화제가 됐던 '보그
병신체'의 사례입니다. 한글로 써 있지만 무슨 말인지 이해하기 어려운 글
투를 뜻하는데요. 이름에서처럼 비난의 대상이 된 이유는 말이 의사소통
이라는 기본적인 역할을 하지 못해서입니다. 하지만 '보그병신체'는 우리
일상에 여전히 존재하지요. 여러분도 한번 찾아보세요.

인터넷 기사를 읽으면 **댓글**을 달거나 보게 됩니다. 그런데 '댓글?' 예전
엔 주로 '리플(reply를 줄여 만든 말)'이라고 많이 했는데……. 이 단어는 국립
국어원의 말 순화 노력 중 대표적인 성공 사례에 속합니다. 물론 포털 사
이트들과 사용자들의 공감, 그리고 협조가 있었기에 가능했지요. 이런 사
례, 마치 펩시콜라가 코카콜라를 제친 것 같다고 할까요? 찾기 쉽지 않습
니다. 한 번 널리 쓰이게 된 말은 다른 말로 바꾸기가 어려우니까요.

190

하나 더 볼까요? 이메일을 쓸 때면 찾게 되는 기호가 있습니다. '@'인데요. 흔히 **골뱅이**라고 부르지요. 알파벳 'a'에 동그라미가 합쳐진 이것은 미국에서 장소를 나타내는 'at[앳]'을 뜻합니다. 재미있게도 '@'는 나라 별로 여러 이름을 갖고 있는데요. 거미원숭이(klammeraffe·독일), 원숭이 꼬리(apestaart·네덜란드)로도 불리고, 절인 청어로 오이를 감싼 요리 이름(zavinac·체코)으로 불리기도 합니다. 일본에서는 영어를 따와 '아토 마쿠(at mark)'라고 하고요.

국내에선 1990년대 후반부터 이메일이 널리 쓰였는데요. 만약 요즘에 이메일 문화가 퍼졌다면, 우린 '@'에 골뱅이와 같은 이름을 붙였을까요? 아니면 '앳(at)'이라고 했을까요?

외래어는 나쁜 말이 아닙니다. 국내에 없던 물건이나 개념을 나타내는 말이라면 자연스레 그대로 쓸 수 있습니다. 컴퓨터, 버스, 볼펜 등을 지금 와서 바꾸는 것은 쉽지도 않고 의미도 작습니다. 말 순화를 오랫동안 해온 국립국어원도 "쉬운 말로 쓰는 것이 우선"이라고 강조합니다. 따라서 "순화된 말에 외래어가 들어갈 수도 있다"고 하지요.

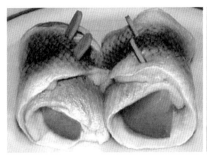

(좌)체코의 요리 'zavinac'입니다. '@'도 같은 이름으로 불리지요.
(우)한 지자체 하천 산책로에 있는 안내판

하지만 요즘은 자연스러운 필요 때문이 아니라 '있어 보여서' 영어식 표현을 쓰곤 합니다. 전문가들이 해외에서 쓰는 표현을 들여온 뒤 언론이 그걸 그대로 써서 대중에게 퍼지기도 합니다.

뜻 모를 한자어가 많이 나오는 법원 판결문이나 금융상품 약관에 답답함을 느끼듯이, 외래어가 과도한 것은 누군가에겐 불편한 일입니다. 한자 (한자어)가 한글보다 고상하다는 수백 년 편견이 아직 남아 있다면, 영어가 더 세련됐다는 편견은 이제 커져가는 중일지 모릅니다.

외래어 순화 사례 중 '레시피→**조리법**'이 있습니다. 요리사와 같은 듯 달리 들리는 '셰프'의 레시피가 조리법으로 불리는 데는 시간이 얼마나 필요할까요? 앞서 말했듯 말을 바꾸는 게 쉽지 않으니 말이죠.

1995년 8월 '국민학교'라는 명칭이 **초등학교**로 바뀌었습니다. 어린 시절 국민학교를 다닌 사람들은 아쉬웠지만 '초등학교'가 자리 잡는 것은 어렵지 않았는데요. 우리가 쉽게 접하는 공공기관이나 사물의 이름에 우리말을 좀 더 반영했으면 하는 건 이런 이유에서입니다. 동사무소·파출소가 주민센터·치안센터가 된 것, 고속철도가 KTX란 이름을 갖게 된 것은 그래서 아쉽습니다.

다행히 긍정적인 움직임도 있어요. 지난해부터 정부 기관 대변인들은 '보도자료 쉽게 쓰기'에 나섰습니다. 서울시도 지난해 국어사용 조례를 만들고 공문서에 쉬운

서울 광화문 '한글가온길'에서 만난 간판들.
다른 지점과 달리 한글을 우선 표기해 눈길을 끕니다.

우리말을 쓰도록 했습니다. 지하철 몇몇 역에서는 "스크린도어가 열립니다"가 아닌 "안전문이 열립니다"라는 안내음성이 들립니다.

　외래어를 순화한 말을 보면 어색하다는 얘기가 많이 나옵니다. 제안된 순화어가 대중에게 다 받아들여지기는 어렵겠지요. 하지만 그런 노력 자체를 깎아내리진 말았으면 합니다.

마무리 문제는 '거꾸로' 내봅니다.
다음 말을 외래어로 하면 무엇일까요? 모르셔도 상관없습니다.

1. 땅꺼짐
2. 칠판펜
3. 살얼음
4. 허벅지 뒷근육

- -

정답　1은 싱크홀, 2는 보드마커, 3은 블랙아이스, 4는 햄스트링의 순화어입니다.

너는 '뽑기', 나는 '달고나'

지역별 다른 놀이 명칭

봄은 축제의 계절입니다. 서울에서는 여의도 벚꽃축제가 가장 유명하지
요. 광화문 청계광장도 각종 전시회나 행사 등을 즐기는 사람들로 북적
입니다. 가족끼리, 연인끼리, 친구끼리…… 다들 무르익은 봄의 정취를 만
끽하느라 여념이 없지요. 저도 아이를 데리고 무리에 섞였는데요.

"엄마 저게 뭐야? 막대사탕인가?"

달달한 꽃향기에 화창한 날씨까지, 한껏 여유를 부리며 걷고 있는데 아
들이 제 손을 잡아끌었습니다. 세상에! 반가운 풍경이 눈에 확 들어옵니
다. 추억의 군것질 거리 **뽑기**가
있는 거예요.

"어~ 저게 아직도 있네. 엄마
어릴 적 길거리에서 자주 먹었
는데. 근데 이름이 뽑기네. 엄
마는 **달고나**라고 불렀거든."

추억의 간식 '달고나'를 아시나요?

요즘 여러분은 '뽑기' 하면 작은 장난감이나 인형을 뽑는 커다란 기계를 떠올릴 테지만, 1980년대 학창시절을 보낸 많은 이들에게 뽑기는 '추억의 거리음식' 중 대표 선수라 할 만합니다.

예전에 즐겼던 '바로 그 맛'일지 궁금해서 한 개 사먹으며 말했습니다.

"저 어렸을 적엔 '달고나'라고 불렀어요."

그러자 아주머니께선 "우리 동네에선 '띠기'라고 불렀는데요" 하시더군요. 같은 음식인데 지역마다 부르는 이름이 달랐구나 하는 생각에 집에 도착하자마자 사전을 찾아봤어요. 그런데 '뽑기'도 '달고나'도 표준어가 아니었습니다. 추억이 녹아 있는 '뽑기', 여러분은 어떻게 부르셨나요?

다들 아시겠지만 '뽑기'란 국자에 설탕을 넣고 젓가락으로 휘휘 저어 녹인 후 소다(탄산수소나트륨)를 넣어 부풀려 먹는 군것질거리인데요. 납작하게 눌러 별모양, 하트모양을 찍은 것과 누르지 않고 풍선처럼 부풀어 있는 종류로 나뉩니다.

제가 살던 서울·경기도에선 '뽑기' 또는 '달고나'로 불렀는데요. 부산·경남에선 **똥과자** 또는 **쪽자**, 경북은 **국자**라 했답니다. 광주·전라도에선 **띠기** 또는 **오리띠기**라 했고, 충남은 **띠기**, 충북은 **똥과자**라고 불렀답니다.

달고나	서울, 경기
뽑기	서울, 경기 / 경남 / 강원
띠기	서울, 경기 / 전라·전주, 광주 / 충남:천안, 대전, 안성
떼기	제주
띠고못띠고	전남:순천
오리띠기·오리떼기	경남:마산
국자	경북:대구, 포항
쪽자	경남:울산, 부산, 마산, 창원, 통영
똥과자	경남:울산, 부산 / 충북:충주
핫치	경남:김해
파짜꿍·바짜꿍	경북:안동
야바구	경남:통영
찍어먹기	경기:의정부

지역별 뽑기 이름

지역별로 명칭이 다른 예를 하나 더 들어볼게요. 여러분도 어렸을 적 동네 친구들과 놀 때 '편 가르기'를 많이 했지요? 크게는 축구팀 나누는 것부터 공기나 술래잡기 등을 할 때도요. 2011년 12월 MBC 예능프로 「무한도전」에서는 어린 시절 친구들과 함께 어울리지 못했던 박명수를 위해 열두 살 시절로 돌아가 당시 놀이를 즐기는 '명수는 열두 살' 편이 방송됐습니다. 여기서 술래를 정하기 위해 편 가르는 방법으로 등장한 '데덴찌(일본어로 데덴치)'를 놓고 '데덴찌', '뒤집어라 엎어라', '덴찌 후레찌', '덴디' 등 지역별로 다른 편 가르기 명칭을 주장하면서 멤버들끼리 티격태격하는 모습을 보였는데요.

지역마다 다른 편 가르기 구호라니, 재미있지요?

서울에선 '데덴찌', '뒤집어라 엎어라'를 가장 많이 쓰지만, 인천은 '엎어라 뒤집어라 한판', 부산은 '젠디, 덴디, 묵찌', 충북은 '앞뒤뽕', 광주는 '편 뽑기 편뽑기 장끼세요 알코르세요'라고 합니다. 가장 긴 지역은 제주로 '하늘과 땅이다. 일러도 모르기 이번엔 진짜 이번엔 가짜 못 먹어도 소용 없기 소용없기'라고 외친다고 합니다.

지역민이 아니고선 도통 알 수 없는 그 지역의 말, 문득 어린 시절이 그리워집니다. 과거가 현재나 미래보다 나은 점이 있다면 바로 '추억' 때문일 텐데요. 이번 주말엔 부모님과 함께 가까운 행사장에 들러 "엄마 아빠 어릴 적엔 어떻게 놀았어요?" 하고 여쭤보면서 놀이의 추억을 공유해보는 건 어떨까요?

다음은 '추억의 놀이'인데요. 도구 없이도 할 수 있는 놀이는 무엇일까요?

1. 땅따먹기
2. 닭싸움
3. 구슬치기
4. 고무줄놀이

정답 2번
닭싸움은 "한쪽 발을 뒤로 들어 올리거나 앞으로 꺾어 손으로 잡고 상대방과 겨루는 놀이"입니다.

로맨티스트는 없다

틀린 외래어들

"어제 모델 이승현이 런어웨이에 선 거 봤어?"

"음…… 모델이 서는 무대는 '런웨이'라고 하는데…… '런어웨이'는 '가출한'이란 뜻이고."

우리 일상에서 영어식 표현은 점점 늘고 있습니다. 그런데 멋있어(?) 보이려고 영어를 섞어 썼는데, 틀린 말이라면 오히려 더 민망해지기도 합니다. 영어식 표현 중에는 국어사전에 오른 외래어도 많은데요. 하지만 자주 쓰이는 외래어(?) 중에는 영어권 외국인이 들으면 갸우뚱할 틀린 말도 많이 보입니다. 사례 몇 가지를 모아봤는데요. 아마 "이 말도 틀린 거였나?" 싶은 것들도 꽤 있을 겁니다.

드라마의 한 장면. 한 여성이 주인공의 남자친구에 대해 이런 얘기를 합니다.

"와, 언니 남자친구 진짜 로맨티스트네요."

'로맨틱'한 것이 인기인 탓인지 이처럼 '로맨티스트(×)'라는 말이 많이 쓰이는데요. 정확히는 **로맨티시스트**가 맞습니다. 영어로는 'Romantic[로맨틱]→Romanticist[로맨티시스트]'인데요. 한글로 쓰면 6음절이나 되니 입에 잘 붙지 않네요. "낭만주의자"라는 뜻입니다.

말풍선: 아... 로맨티시스트야

저녁노을에 취할 줄 아는 내 남친은 로맨티시스트!

많이 틀리는 말 중 '스프링쿨러(×)'도 있습니다. 화재나 가뭄에 대비해 설치한 것으로 물을 뿌려주는 장치를 말하는데요. 'Spring cooler(×)'가 아닌 'Sprinkle[스프링클]'에서 나온 말이므로 **스프링클러**가 맞습니다. '살수기(撒水器)'라고 쓰거나 순화하여 '물뿌리개'라고도 합니다. 최근 인기 품목인 탄산수도 영어로는 '스파쿨링(×) 워터'가 아닌 **스파클링 워터**죠.

선거철에 많이 보이는 현수막은 '프랭카드(×)', '플랜카드(×)'라고 부르기도 하는데요. **플래카드**가 맞습니다(영어 표기로는 Placard. 단 영어권 국가에서 현수막은 Banner[배너]라고 씁니다. Placard는 보통 종이나 판에 글을 쓴 것을 뜻합니다).

(좌)소화전 전용 스프링클러. 원 안의 '쿨'이 아닌 '클'로 써야 해요.
(우)잔디에 물을 주자!

또 신문 등에 기고하는 사람을 더러 '칼럼리스트(×)'라고 하는데요. 영어 표기가 'Column→Columnist'니 **칼럼니스트**가 맞습니다. '특별 기고가'로 표현할 수도 있습니다.

항공기 여승무원을 가리키는 **스튜어디스**는 '스튜디어스(×)'로 잘못 쓰이기도 합니다. 영어로 'Stewardess'인데요. 여성만을 가리키는 말이니 남직원에게 '남자 스튜어디스'라고 하면 안 됩니다. 남승무원은 **스튜어드**(Steward)라고 부릅니다. 남녀 구분 없이 '객실승무원'이라고 하셔도 좋습니다. 영어로도 요즘은 남녀 구분 없이 'Flight attendant[플라이트 어텐던트]'라고 하는 추세거든요.

농구에서 골대 테두리를 맞고 공이 튀어 나올 때 '링(Ring)'에 맞고 나왔다고 많이 쓰는데요. 농구 공식 용어로는 발음이 비슷한 **림**(Rim)입니다. '림'은 "둥근 테"를 말하는데요. 자동차 바퀴의 테를 뜻하기도 합니다.

이 밖에 자동차 길 안내 기기는 '네비게이션(×)' 아닌 **내비게이션**(Navigation), 가속 페달은 '엑셀(×)' 아닌 **액셀** 또는 **액셀러레이터**(Accelerator)라고 쓰는 게 맞습니다.

마무리 문제는 '콩글리시'에 대한 겁니다.

다음 영어식 표현들 중 영어권 국가에서도 같은 뜻으로 쓰이는 것은 몇 번일까요?

1. 오승환은 1사 1루에서 '더블 플레이(double play)'로 경기를 마무리했다.

2. 승관이는 '스킨십(skinship)'을 좋아해.

3. 이번 시험 '커트라인(cut-line)'은 몇 점인가요?

4. 광원아, 잘 할 수 있어. '파이팅(fighting)!'

정답 1번

2번 스킨십은 영어사전에 없습니다. 'physical touch' 정도로 표현 가능합니다. 3번은 영어권에선 'cut-off point'라고 합니다. 4번은 우리나라에선 "힘내!"라는 뜻이지만 원래는 "싸우는"이란 뜻이에요. 영어권에선 응원할 때 "Go for it"이나 이효리의 노래 제목처럼 "You go girl!"(여성에게 씀) 등으로 말합니다.

각티슈? 곽티슈? 아니, '갑 티슈'

각/곽/갑

오랜만에 대형 마트에 들렀는데요. 아직 휴가철이 아닌데도 캠핑 용품이며 물놀이 용품을 잔뜩 진열해놓았더군요. 마음은 벌써 휴가를 맞이한 듯합니다. 카트를 하나 빼서 매장으로 들어가는데 어디선가 익숙한 멘트가 들려옵니다.

"고객님~ 저희 멤버십 카드 만들면 사은품 드려요."

사은품이라는 말에 솔깃해져 뭐가 있나 들여다보는 사이 '아줌마 마음'이 또다시 흔들립니다. '어차 피 자주 오는 곳인데 하나 만들면 포인트도 쌓이고 좋지 뭐. 보자~ 필요한 게 있나.' 생각을 정리한 후 결론은 '각티슈'. 집에 돌아와 다 써버린 각티슈 상자를 버리려는데 어?

한 백화점에서 멤버십카드 신규회원이 되면 '각티슈'를 사은품으로 준다고 적어놓은 입간판(좌)과 '곽티슈'로 표기된 한 휴지상자(우)

여기엔 '곽티슈'라고 적혀 있네요. 각티슈? 곽티슈? 뭐가 맞는 말일까요?

표준국어대사전에 따르면 '각(角)'은 "면과 면이 만나 이루어지는 모서리"를 뜻합니다. 그러니까 '각'은 단순히 모서리를 가리킬 뿐이지 티슈가 담긴 용기를 부르는 말은 아니네요. '그럼 곽이 맞겠지?' 생각하며 사전을 찾았더니 '갑(匣)'으로 고쳐 쓰라는 표시가 나옵니다.

국립국어원 '표준어 규정-표준어 사정 원칙' 제22항에는 "고유어 계열의 단어가 생명력을 잃고 그에 대응되는 한자어 계열의 단어가 널리 쓰이면, 한자어 계열의 단어를 표준어로 삼는다"라는 조항이 있는데요. 즉, '갑(물건을 담는 작은 상자)'의 의미를 가진 고유어 '곽'의 쓰임 빈도가 한자어 '갑'보다 현저히 낮았기 때문에 많이 사용하는 '갑'을 표준어로 삼았다는 결론입니다. 따라서 정답은 '각티슈'도 '곽티슈'도 아닌 **갑티슈**입니다. 마찬가지로 '우유곽'이나 '성냥곽'도 **우유갑, 성냥갑**으로 쓰는 게 맞습니다.

그런데 고유어인 '곽'을 버릴 정도로 한자어 '갑'이 많이 쓰였나 문득 궁금해지는데요. 담배 때문에 그런 걸까요? "담배 한 갑 주세요"라고 말하니까요. 더구나 국립국어원에 따르면 '갑티슈'는 한 단어가 아닙니다. 따라서 '갑 티슈'로 띄어 써야 맞습니다. 여기에 '티슈'라는 말 대신 '화장지'로 순화해 쓸 것도 권고하고 있습니다.

'갑'과 '곽'의 사용에 대해 이견이 많은 것은 사실입니다. 섞어 써도 뜻만 통하면 되지 않느냐는 의견, 한 단어처럼 말하는데 왜 붙여 쓰면 안 되냐는 불만도 있고요. 하지만 지금은 옳다고 당연시하는 말들도 처음엔 어색하게 느껴졌을 겁니다. 언어는 사회적 약속이죠. 그리고 그 약속은 지켜질 때만 의미가 있겠죠?

오늘의 문제입니다. 다음 중 순우리말은 무엇일까요?

1. 도대체

2. 심지어

3. 어차피

4. 마침내

정답 4번

    '마침내'는 순우리말입니다. '도대체(都大體)', '심지어(甚至於)', '어차피(於此彼)'는 모두 한자어입니다.

짜장 뚱겨줘요?

사전에서 만난 특이한 우리말

'뾰롱뾰롱' 하면 떠오르는 게 있으신가요? 혹시 어린이들의 대통령으로 불리는 '뽀로로?' 하지만 '뾰롱뾰롱'이 아닌 '뾰롱뾰롱'은 뽀로로와 관련이 없는 말입니다.

표준국어대사전에 오른 단어는 약 51만 개. 당연히 이 말들을 다 알 수 없는데요. 사전을 뒤지다 보면 한 번도 못 들어본 단어도 많습니다. 이 중 특이한 말을 몇 개 소개합니다.

뾰롱뾰롱이란 "성미가 부드럽지 못해 남에게 톡톡 쏘기 잘하는 모양"으로 설명돼 있습니다. 요새 잘 쓰는 말 '까칠함'이 떠오르는데요. 비교적 많이 쓰이는 '뾰로통하다(못마땅해 화난 빛이 나타나 있다)'와 비슷한 모양입니다.

음식과는 전혀 관련 없는 우리말 **짜장**은 "정말로"라는 뜻입니다. 2010년 한 TV 프로그램에서도 소개된 적이 있는데요. 젊은 층에서 "정말?"이라는 뜻으로 종종 쓰는 "레알?(스페인어 Real의 발음)" 대신 써도 말이 됩니다. 이 영향일까요? 축구 팬들 사이에서는 명문 팀 '레알 마드리드'가 '짜

장 마드리드'로 불리기도 합니다(축구 팀 이름
의 '레알'은 실제로는 "국왕의"란 뜻입니다).

어감이 재미있는 **똥기다**는 "모르는 사
실을 알게끔 암시 준다"는 뜻인데요. 흔히
쓰는 "힌트 주다"를 대신해 쓸 수도 있겠습니
다. "어려운 문제였는데 한 마디 똥겼더니 맞
혔어" 식입니다. 1962년 7월30일자 동아일보에는

건더기가 풍부해
짜장! 맛있는 **짜장면**

관련된 기사가 나오는데요. 당시 '한글전용특별심의회'의 언어 순화 작업
에 대한 기사에서 "'힌트'를 '귀띔'이라고 한 것은 좋으나 '똥김'이라고 한
것……" 등을 예로 들며 각계 비난이 있다고 전하고 있습니다.

속어 '자뻑(과도한 자기도취)'이 생각나는 **자빡**은 매몰찬 거절을 말합니다.
"그냥 싫다고 하지 뭐 그렇게 자빡을 치나?"처럼 쓸 수 있는데요. 소개팅
자리에서 '자뻑'이 심하면 '자빡'을 맞을지도 모릅니다.

콩켸팥켸는 컴퓨터 타자의 최고난도 단어가 아닐까 싶은데요. 콩과 팥
이 같이 들어가 있듯이 "사물이 뒤죽박죽 섞인 것"을 가리키는 말입니다.

말은 대중의 선택에 따라 생명력을 얻습니다. 그래서 널리 쓰이기도 하
고 반대의 길을 걷기도 합니다. 예전에 「상상플러스」라는 TV 프로그램에
서 **설레발**이라는 말이 소개돼 화제에 오른 적이 있는데요. "몹시 서두르
며 부산하게 구는 행동"이란 뜻입니다. 그 후 이 말은 찬란히 부활하여
요즘도 많이 쓰이고 있죠.

그 밖에 앞서 소개한 말들도 잊혀 가거나 잊힌 단어들인데요. 유행이
돌고 돌듯 시간이 지나면 우리의 선택으로 되살아날지도 모릅니다.

문제입니다. 다음 말은 무슨 뜻일까요? (똥감: 자주 쓰는 어떤 말의 줄임 꼴)

뷕

정답 부억

언어에도 연금술이

한자를 녹여(?) 우리말로

자주 틀리는 맞춤법 단골손님 중 하나는 **금세**인데요. '금새(×)'로 틀리기 쉬운 말입니다. 금세는 줄어든 말인데요. 사실 우리말 중에는 줄어든 말이 많습니다. '되었어→**됐어**', '요사이→**요새**' 등 셀 수 없을 정도지요. 금세의 본래 말은 '금시'에, 즉 '금시'란 한자어 '今時'로 "바로 지금"이란 뜻입니다.

한자어가 본래 모습에서 벗어나 모양이 바뀐 것이 특이한데요. 우리말 중에는 이렇게 한자에서 출발한 낱말도 꽤 있습니다. 표준국어대사전에 한자어가 절반이 넘을 만큼, 한자의 영향이 크니 당연한 결과일 텐데요. 혹시 한자 원래 모습이 바뀐 것이 어색하신가요?

언어란 사회의 모습을 반영합니다. 그리고 그 시대 사람들에 의해서 자연스레 바뀔 수도 있습니다. 다음은 국립국어원의 의견을 옮긴 것입니다.

"원어 정보가 한자어라고 해서 꼭 원어 발음대로 읽히는 건 아

닙니다. 사회 구성원들이 어떤 대상을 특정한 형태로 읽고 칭해
왔다면 그 대상의 이름이 될 것입니다."

'금세'처럼 줄어든 말 중에는 **오랜만**과 **당최**가 있습니다. 오랜만은 '오래
간만'이 줄어든 건데요. 간은 한자 '間'으로 기'간'을 뜻하는 말입니다. '간'
의 'ㄴ' 자가 살아서 이런 모양이 됐습니다. '오랫만(×)'은 잘못된 표기입
니다. '당최'는 '당초에'의 준말입니다. 역시 한자어 '當初'에 '에'가 더해진
말이고요.

조금 다른 경우로 **괴팍하다**가 있는
데요. '팍'은 원래 한자 '愎(강퍅할 퍅)'인
데 소리가 변해 바뀐 겁니다. 어려운 발
음이 연달아 나와 쉬운 쪽으로 소리가
변한 것으로 추측되는데요. 같은 한자
를 쓰는 '강퍅하다'는 그대로 '퍅'이 쓰
이니 어색한 면이 있습니다. 한 달에 한
번씩 볼 수 있는 **초승달**도 소리가 변한
단어인데요. '生(날 생)'이 '승'으로 읽히
며 초승달이 됐습니다. '초생달(×)'은 사
전에서는 잘못된 표기로 설명합니다.

밤하늘의 꽃봉오리 '초승달'

헛짓하다 등에 쓰이는 '헛-'은 한자 '虛(빌 허)'에 'ㅅ'이 붙은 말입니다. '헛
소리', '헛고생' 등처럼 쓰이는데요. "잘못된", "보람 없는"의 뜻이지요.

앞에서 언어가 사회의 모습을 반영한다고 했는데요. 그러면 우리말 중

에 영어의 영향을 받은 것은 없을
까요?

내 이름은 깡통,
아버지는 'can'이고
엄마는 '통'이지!

깡통은 'Can[캔]'과 '통'이 합쳐진 말인
데요. 캔의 일본식 발음이 반영된 말입니다. **깡패**는
'Gang([갱], 범죄를 저지르기 위한 조직)'과 '패'거리가 합쳐
진 말입니다.

"**폼** 잡는 거야?" 할 때 **폼**은 그냥 영어 'Form'입니다. 외래어인데요. 사
전에는 모양, 자태 등의 순화된 말을 제안하고 있습니다.

단어의 뿌리를 찾다 보면 의외로 한자나 다른 나라 말에서 시작된 것
들이 있습니다. 말 자체에 흥미를 느끼는 분들에겐 뿌리를 찾아보는 것이
하나의 재밋거리가 될 것도 같습니다.

문제입니다. 다음 중 말의 뿌리가 '서양'에 있는 단어는 무엇일까요?

1. 가마니
2. 바자회
3. 가짜
4. 구두

정답 2번

바자회는 페르시아어 'bazar'에 모임을 뜻하는 '회(會)'가 붙은 말입니다.
1번 가마니는 일본어 'かます[가마스]'에서 유래된 것으로 전해집니다. 3
번 가짜는 한자 '가(假)'에 '짜'가 더해진 말입니다. 4번 구두는 일본어 'く
つ[구쓰]'에서 온 말입니다.

성대묘사?

방송에서 잘 틀리는 말

TV를 보면 예능 프로그램이 참 많은데요. 여러분에게도 꼭 챙겨 보는 프로그램이 몇 개 있을 거예요. 예능에 나오는 출연자들은 남들을 웃기기 위해 '개인기' 한두 개쯤 준비하곤 합니다. 이런 재주 중에 아주 예전부터 빠지지 않는 게 있는데요. 바로 "목소리 흉내"입니다. 보통 네 글자로 말하죠. **성대'모'사.**

사실 방송에서도 이것을 '성대묘사(×)'라고 하는 걸 종종 볼 수 있습니다. '묘사'란 어떤 대상을 그리거나 그리듯 설명하는 것을 말하는데요. 의미가 어딘지 비슷한 것 같습니다만, 정확히는 "모방하고 베낀다"는 뜻을 가진 **모사(模寫)**가 맞습니다. 비슷한 경우로 "다른 가수의 '창'법을 흉내 내는 것"을 '모창'한다고 하는데요. 눈치 채셨겠지만 여기서도 '모'가 들어갑니다.

방송에서 묘기를 선보이거나 어려운 문제를 낼 때 잘 틀리는 말 중에 '고난이도(×)'가 있습니다. "아주 어렵다"는 뜻으로 쓰이는데요. 사실 난이도라는 말은 "어렵고(난 難) 쉬운(이 易) 정도"라는 뜻입니다. 고(高)가 붙으면 "아주 어렵고 쉬운 정도"라는 이상한 뜻이 되지요. 뜻을 자연스럽게 하려면 **고난도**로 쓰면 됩니다.

'다르다/틀리다'도 예능 방송에서 자주 틀리는 말 중 하나인데요. "다른 의견 없어?"와 같이 앞쪽에 단어가 나올 때는 '틀린' 아닌 '다른'이라고 맞게 쓰면서 말끝에 오는 경우엔 "내 생각하고는 틀려(×)"식으로 잘못 쓰는 경우가 많습니다. **다르다**는 "같지 않다"는 뜻이고, **틀리다**는 "잘못됐다"는 뜻입니다.

퀴즈 프로그램에서 자주 틀리는 말에는 '맞히다/맞추다'도 있는데요. **맞히다**는 "정답을 고를 때, 던지거나 움직여서 어떤 물체를 칠 때" 쓰는 말입니다. 다시 말하면 정답은 맞'히'는 것이고, 야구공도 배트로 맞'히'는 것이죠. 사실 '맞추다'에 비하면 이 말이 훨씬 많이 쓰입니다. **맞추다**는 "두 물체 등을 맞닿게 하거나, 맞대 비교할 때" 쓰는데요. 연인끼리 입을 맞'추'고 음악 밴드가 서로 음을 맞'춥'니다.

응…….

"입 맞추고 싶어?"

문제입니다. 다음 문장에 맞는 단어를 골라주세요.

1. 이거 새로 나온 음료야. 빨대를 (꽂아서/꼽아서) 마시면 더 맛있어.

2. 알았어. 이따 퇴근하면서 (들릴게/들를게).

정답 꽂아서, 들를게

1. '꼽다'는 "손님들은 이 집 최고의 음식으로 떡볶이를 꼽았다"와 같이 골라서 가리킬 때나, 손가락으로 날짜 등을 헤아릴 때 쓰는 말입니다. 무언가를 어디에 박거나 끼우는 경우 '꽂다'를 씁니다.

2. '들리다'는 소리가 들리는 경우에 쓰는 말입니다. 가는 길에 잠시 머무르는 건 '들르다'입니다.

멋있게 사자성어를 썼다가 망신

어머, 이 정도는 알아야 해

"Six times Bibimbap, OK?"

지어낸 우스갯 이야기가 아닙니다. 실제로 식당 메뉴판에 '육회'를 'Six times(여섯 번)'로 표기한 사례가 기사화된 적이 있었는데요. 주변 사람들과 얘기할 때 '있어 보이려고' 영어를 섞어 썼는데, 틀린 말이라면 오히려 망신스럽게 됩니다.

사자성어도 마찬가지예요. 네 글자로 던진 말이 대화 상황에 딱 맞는 적절한 비유라면 멋있게 보일 때도 있을 겁니다. 하지만 뜻도 잘 모르고 무심코 썼는데 그나마 틀린 말이라면? 예, 안타까운 상황이 연출되겠지요.

육회 비빔밥은 여섯 번 비빔밥이 아니에요.

자, 그래서…… 잘못 쓰기 쉬운 사자성어를 몇 개 모아봤습니다. 각각의 뜻을 알고 나면 "아, 이런 뜻이었구나" 하는 것들이 있을 거예요. "돌다리도 두들겨보는" 심정으로 한번 살펴볼까요?

동거동락?

방송 프로그램과 영화 제목에 몇 번 쓰인 이 말은 '동고동락'의 변형된 말입니다. **동고동락**은 "'고'통도 쾌'락'도 함께한다"는 뜻인데요. 가족처럼 긴 시간을 더불어 보낸 사람들에게 쓰면 어울리겠죠. 발음이 비슷한 '동거동락'은 굳이 뜻을 붙이자면 "같이 살면서 즐거움을 함께한다"는 것이 되겠습니다만, 사전에 있는 말은 아닙니다.

일사분란? 불란?

발음은 양쪽 다 같습니다. 그래서 더 헷갈리는데요. **일사불란(一絲不亂)**이란 "한 조각[一] 실[絲]도 어지럽지 않다[不亂, 엉키지 않다]"는 뜻입니다. 곧 "질서가 잘 잡혀 있다"는 말이지요. 말의 뜻을 반대로 만들어주는 '불(不)' 자가 쓰였습니다.

변신하는 게 '탈퇴'는 아니다

2군에 오랜 시간 머무르며 기대치를 낮춰온 한 야구선수. 어느 날 달라진 타격 자세로 1군에 오더니 연일 장타를 선보이고 있다…….

이럴 때 우리는 **환골탈태(換骨奪胎)**했다는 표현을 씁니다. "완전히 다른 사람이 됐다"는 건데요. 말 그대로의 의미는 "뼈를 바꾸고('교환' 할 때의 환,

해골·골절 등에서의 골), 태를 빼앗다('태아'의 태, '약탈'의 탈). 곧 근본적인 것을 바꿈"을 뜻합니다. '탈퇴'라고 쓰지 않도록 조심해야겠습니다.

나,
환골탈태한
몸이야!

'절대절명'이 사전에 있을까?

사전에서 이 말을 찾으면 잘못된 말로 나옵니다. 엄청난 위기일 때 쓰는 이 말은 **절체절명(絕體絕命)**인데요. 그대로 뜻을 풀자면 "신'체'가 끊어지고 생'명'이 끊어진다"는 말입니다. 곧 "살길이 보이지 않는 막다른 처지"를 뜻하지요.

인터넷에서 한동안 '열폭'이라는 말이 유행했습니다. "열등감 폭발"의 머리글자를 모은 건데요. 정확한 뜻을 모른 채 엉뚱한 상황에서 이 단어를 써서 어색한 상황이 되는 경우도 종종 보게 됩니다. 사자성어도 외국어도 마찬가지입니다. 정확한 뜻을 알고 써야 좋지 않을까요?

오늘의 문제입니다. 다음 빈칸을 채워주세요.

1. 쟤는 만나면 '주( )장( )' 먹는 얘기만 하더라.

(똥감: "밤낮 쉬지 않고 흐르는 시냇물처럼 끊임이 없음"이라는 뜻)

2. 아이돌 그룹에서 나와서 이제 '( )( )단신'으로 활동하려고 해요.

(똥감: "의지할 곳 없는 홀몸"이라는 뜻)

정답 1. 야, 천 2. 혈, 혈

　　주야장천(晝夜長川)의 뜻은 위에 적힌 대로입니다. 주야(晝夜)는 낮밤이죠. '주구장창(×)'은 틀린 말입니다.

　　혈혈단신(孑孑單身)의 '혈'은 "외롭다"는 뜻이고, '단'은 "기회는 단 한 번"처럼 말할 때의 '단'입니다. 혼자라는 뜻이라고 해서 '홀홀단신(×)'이라고 하면 틀립니다.

너나 '수고'하세요!

알쏭달쏭한 인사법

얼마 전 직장에 갓 들어간 조카가 제게 전화를 했어요. "이모, 어른에게 '수고하세요'라는 말을 쓰는 건 예의에 어긋난다면서요? 퇴근할 때 만날 그 말 썼는데 어떡하죠?" 하는 거예요. 저는 "듣는 사람의 기분을 상하게 할 수 있으므로 윗사람에게 쓰는 것은 바람직하지 않다"고 명확히 짚어주었지만, "그럼 뭐라고 해요?"라고 묻는 말엔 선뜻 대답하기 어렵더군요. 그래서 "내일 뵐게요, 먼저 나가겠습니다, 먼저 들어가겠습니다, 안녕히 계세요…… 정도를 쓰면 되겠지?" 하고 대답해주었습니다.

그런데 전화를 끊고 나니, 불현듯 '아차, 회사에만 어른이 있는 건 아니잖나' 하는 생각이 들더라고요. 갑자기 머릿속이 복잡해졌지요. 그래서 '수고하세요'를 대체할 수 있는 몇 가

"내일 뵙겠습니다, 부장님!"

지 말들을 떠올려봤습니다. "다시 연락하는 그날까지 건강하세요, 하시는 일 잘 마무리하세요, 조심히 들어가세요……."

어른들과 이야기할 때 주의할 게 또 있어요. 언제부턴가 우리는 전화 통화를 한 뒤 끊을 때 "들어가세요"라고 말하는데요. 전화를 받고 "여보세요"로 시작하는 건 당연하지만, 어쩌다 "들어가세요"로 끊게 됐을까 몹시 아리송해집니다. 어원이 뭔지 궁금하지 않나요? 하지만 아무리 자료를 뒤져봐도 어원 혹은 유래와 관련하여 공인된 설이나 검증된 주장이 없습니다. 그래서 개인적 견해를 제시할 수밖에 없는데요. 요약하면 다음 두 가지입니다.

첫째. '대화의 장'에서 대화를 나눈 뒤 끝나면 각자 그 공간을 떠나서 돌아간다고 생각하기 때문에 '들어가세요'라 한다는 것.

둘째. 한국에 전화가 귀했던 시절 생겨난 말이라는 것. 전화를 걸기 위해 시내 공중전화나 읍내 전화국까지 '나갔던' 사람에게 전화 받은 사람이 이제 집으로 '들어가시라'는 뜻으로 전화를 끊을 때 썼다는 것.

둘 다 설득력이 있어 보이죠? 하지만 국립국어원에선 "들어가세요"가 명령형이므로 잘못된 말이라고 합니다. 그럼 이 역시 대체말에 대해 진지하게 고민하지 않을 수 없겠지요? "이만 전화 끊겠습니다, 고맙습니다, 감사합니다, 안녕히 계십시오"처럼 말입니다. 결국 '들어가세요' 역시 '수고하세요'와 마찬가지로 상황에 따라 '알아서' 써야 한다는 결론입니다.

2015년 3월25일 국립국어원은 2013년 7월부터 2014년 6월까지 일간지 등 139개 온·오프라인 대중매체에 실린 신어 334개를 조사한 '2014년 신어'를 발표했습니다. '언어 파괴'라는 비난을 받긴 하지만 신조어는 당대 사회를 비추는 거울 구실을 해주는데요. 신조어를 통해 사회분위기라든지, 가치관, 이성관까지 엿볼 수 있기 때문입니다.

문득 국립국어원이 왜 이런 신조어 조사를 '대대적'으로 하는 건지 궁금해지더군요. 인터넷이라는 도구로 인해 지금은 신조어의 생성과 발전, 소멸이 그 어느 때보다 숨 가쁘게 진행되는데 말입니다. 지금이야 '더 재밌게' '더 자극적이기' 위해 사용한다지만, 시간이 지나면 대부분 잊히는 게 아니던가요?

게다가 당시 발표한 신어에는 **오포 세대**,[10] **임금 절벽**[11] 등과 같이 씁쓸한 현실을 다룬 말도 있지만, **뇌섹남**[12]이라든지 **앵그리맘**[13] 같은 외래어를 기반으로 한 비율도 64%나 되었답니다.

바람처럼 왔다가 바람처럼 사라질 신어들을 조사할 게 아니라 "수고하세요, 들어가세요"처럼 생활 속에서 잘못 쓰이는 우리말들을 정확히 짚고 정리해주는 건 어떨까요? 우리가 말을 잘못 사용하고 있는 건 사실 제대로 모르는 탓도 있지만 제대로 알려주는 곳이 없어서 그렇기도 하잖아요. 새로운 말, 남의 말을 더 알리는 것도 국립국어원의 중요한 역할이지만, 그에 앞서 바른 우리말을 제대로 알려주는 게 기본 아닐까요?

---

10 생활고로 연애·결혼·출산·인간관계·주택구매 5가지를 포기한 세대
11 물가는 계속 오르는데 임금은 오르지 않아 경제적 어려움을 겪는 현상
12 '뇌가 섹시한 남자'라는 뜻으로, 주관이 뚜렷하고 언변이 뛰어나며 유머와 지적 매력이 있는 남성
13 자녀의 교육과 관련한 사회문제에 분노해 그 해결에 적극 참여하는 여성

문제입니다. 다음 중 어른에게 사용하는 데 부적절한 인사말은 어느 것일까요?

1. 안녕히 계세요.

2. 다시 뵐 때까지 건강하세요.

3. 저 먼저 가요. 수고하세요.

4. 내일 뵙겠습니다.

정답 3번

'수고하세요'는 어른에게 사용하기에 바람직하지 않은 인사말입니다.

왜 우리만 '유커'라고 부르죠?

혼란만 안겨주는 불분명한 외래어

대한민국은 지금 대륙의 큰손인 '유커(중국인 관광객)'로 들썩이고 있습니다. 명동, 신촌, 광화문은 물론이고 저 멀리 제주도에 이르기까지 웬만큼 알려진 곳이다 싶으면 어렵지 않게 중국인 관광객을 만날 수 있지요. 그뿐인가요? 유명 백화점의 아울렛 매장이 있는 지역마다 중국인 관광객을 태운 버스가 죽 늘어선 것을 볼 수 있어요. 화장품·패션산업에서 시작한 이들의 구매력은 이제 면세점을 넘어 음식, 공연에 이어 전국의 관광지로 뻗어나가는 중입니다.

'유커'라는 말을 두고 이야기해볼 텐데요. 어디선가 갑자기 등장한 이 단어에 저 역시 당황스러웠던 적이 있습니다. "외래어는 현지 발음 그대로 표기한다"는 외래어표기법상, 중국어

우리나라를 찾은 중국인 관광객들

전문가의 의견을 빌려 일단은 '요우커'가 맞다는 결론을 내렸는데요. 하지만 '유커', '유우커', '요커' 등 정체불명의 단어들이 언론에 쏟아지자 결국 국립국어원이 교통정리에 나섰습니다. 국립국어원과 한국신문방송편집인협회가 공동 운영하는 정부·언론외래어심의공동위원회 제118차 회의 (2014년 12월3일)에서 중국어 표기법에 따라 '유커'로 결정한 것이죠.

그런데 저는 얼마 전, 중국에 사는 한 지인으로부터 기자라는 이유만으로 뜻밖의 '항의'를 받았는데요. 왜 유독 중국 관광객만 '유커'라고 부르냐는 것이었습니다. '유커'는 '유객(遊客)'의 중국어 발음을 외래어표기법에 따라 표기한 것으로, 중국어로 '여행객' 또는 '관광객'을 말하는데 대한민국에서는 중국 관광객을 일컫는 용어로 쓰인다는 거예요. 어느 날부터인가 신문, 방송 등의 매체에서 중국 관광객을 '유커'로 부르는데 이는 적절하지 않다는 거였죠. 그러고 보니 한국을 찾는 외국인이 중국인만 있는 게 아닌데 우린 왜 유독 중국인 관광객만 '유커'라 부르는 걸까요? 그럼 미국 관광객은 '투어리스트', 일본 관광객은 '유가쿠(游客의 일본어 발음)'로 불러야 한다는 걸까요?

'중국 관광객' 또는 '중국인 관광객'처럼 알기 쉬운 말로 표현하면 될 것을, 굳이 '유커'로 쓸 필요가 있을까 생각해봅니다. 결국 2015년 4월1일 국립국어원은 '유커' 대신 '중국(인) 관광객'으로 써야 한다고 발표했는데요. 뒤늦은 감이 있지만, 이제라도 우리말로 순화하려고 노력한 점은 반가운 일입니다.

서울시는 광복 70주년을 앞두고 일본식 한자어나 일본어투 표현에 대한 우리말 순화어를 선정해 대대적으로 발표했습니다. 몇 가지 살펴보면

'견습(見習)'은 **수습**, '잔반(殘飯)'은 **찌꺼기**, '식비(食費)'와 식대(食代)'는 **밥값**으로 순화했지요.

　불분명하고 어려운 외래어는 사람들에게 혼란을 주고 외면당하기 십상입니다. 외래어는 우리말로 그 의미를 제대로 전달할 수 없을 때만 제한적으로 쓰는 게 옳습니다. 알기 쉬운 우리말을 쓰도록 하는 것이 정확한 정보 전달에 더욱더 효과적이지 않을까요?

다음은 외래어를 우리말로 순화한 예들입니다. 옳지 않은 것을 고르세요.
1. 견습(見習)→수습
2. 유커→중국(인) 관광객
3. 잔반(殘飯)→찌꺼기
4. 투어리스트→미국인 관광객

정답 4번
　투어리스트는 특정 국적에 상관없이 모두 쓰이는 말로 '관광객'을 지칭합니다.

오, 랍스타?

자주 틀리는 음식 외래어

평소 우리가 사용하는 말 속에는 습관처럼 외래어가 섞여 있는데요. 겨우 한 문장을 말하는 데도 영어가 한마디쯤 꼭 들어가는 터라 이를 우리말로 순화하자는 움직임이 활발합니다. 하지만 아무 때나 남용되는 외래어가 문제일 뿐입니다. 일부 용어는 우리말로 옮겼을 때 되레 이해하기 힘든 경우가 많거든요. 대표적인 예가 음식 관련 용어들입니다. 흔히 사용하는 음식 외래어 중 자주 틀리는 말들, 어떤 게 있을까요?

랍스타(x) → 로브스터(o)

요즘 대한민국에선 '먹방 프로그램'과 '요리 프로그램'이 대세입니다. 2015년 초 맛집을 소개하는 한 프로그램에서 **로브스터**(Lobster)라고 맞춤법에 맞게 쓴 자막을 보고 놀란 적이 있습니다. 흔히 '랍스터', '랍스타'라고 읽기 때문에 소리 나는 대로 표기하는 것이 친숙하고 맞을 것 같지만, 정확한 표기법은 '로브스터'입니다. 어말과 모든 자음 앞에 오는 유성 파열음([b],

[d], [g])에는 '으'를 붙여 적어야 하기 때문이죠. 따라서 'Lobster'를 적을 때는 '랍스터'가 아니라 '으'를 붙여 '로브스터'로 해야 합니다.

난 랍스타가 아니라 로브스터라고 해

바베큐(x) → 바비큐(o)

바야흐로 캠핑 시즌입니다. 캠핑의 가장 큰 재미는 뭐니 뭐니 해도 '바비큐 파티'죠. 그런데 '바비큐', '바베큐' 정말 헷갈립니다. 뭐가 맞는 말일까요? 정답은 **바비큐**(Barbecue)입니다. 영어의 경우 발음 기호를 기준으로 외래어 표기를 정하는데요, 'Barbecue'는 [bɑ:rbɪkju:]나 [bɑ:bɪkju:]로 읽으므로 '바비큐'로 적어야 합니다.

케익(x) → 케이크(o)

위에서 영어를 한글로 적을 때는 발음을 기준으로 삼는다고 말씀드렸는데요. 'Cake'의 발음은 [keik]죠. 이 경우 어말과 자음 앞의 [p], [t], [k]는 '으'를 붙여 적습니다. 따라서 '케익'이 아닌 **케이크**로 써야 합니다.

웨딩케익? 아니 웨딩 '케이크'야!

돈까스(x) → 돈가스(o)

외래어는 파열음(ㄱ, ㄲ, ㅋ, ㄷ, ㄸ, ㅌ, ㅂ, ㅃ, ㅍ) 표기에 된소리를 쓰지 않는 것을 원칙으로 합니다. 따라서 '까'가 아닌 '가'를 써서 **돈가스**(Tonkasu, とんカツ)로 적습니다.

케챱(x) → 케첩(o)

핫도그, 감자튀김과 함께 먹는 'Ketchup'은 '케챱'일까요, '케첩'일까요? 정답은 **케첩**(Ketchup)인데요. 어릴 적부터 입에 붙은 탓인지 '케챱'이 더 맛있게 들리네요. 하지만 '케첩'이 옳은 표기법입니다.

특히 음식 외래어를 바르게 써야 하는 이유는 바로 어린이들이 실생활에서 가장 많이 접하는 말이기 때문입니다. 물론 음식에만 국한된 문제는 아닙니다만, 어릴 적부터 옳고 그름에 대한 판단 없이 무의식적으로 사용하는 잘못된 언어습관은 평생 고치기 어려울 수 있겠죠?

문제입니다. 다음 중 틀린 외래어는 무엇일까요?

1. 잼
2. 카라멜
3. 코코넛
4. 초콜릿

정답 2번

　카라멜은 캐러멜(Caramel)로 써야 합니다.

'미남길', '야동길'이 우리나라에?

재미있는 도로 이름

바야흐로 '휴가의 계절' 여름입니다. 다들 올해 휴가 일정 세우셨나요? 틀에 박힌 삶에서 벗어나 탁 트인 공간에서 좋은 사람들과 함께하는 휴식, 생각만 해도 벌써 설레는데요. 내친 김에 여름휴가 장소를 결정하려고 국내 여행책자를 꺼내들었습니다. 그런데 책 속에서 재미있는 길 발

여름은 휴가의 계절!

견! '미남길, 야동길…….' 우리나라에 이런 길도 있었다니 참 신기합니다. 우리나라 방방곡곡 숨겨진 재미난 길들, 한번 알아볼까요?[14]

미남길

'얼마나 잘생긴 남자가 많은 길이기에'라고 생각하셨나요? 경북 안동시의 '미남길'은 잘생긴 남자를 말하는 '미남(美男)'길이 아닙니다. 주변 산세와 남쪽의 낙동강이 아름다워 도로 이름을 '미남(美南)길'로 지었답니다.

야동길

전북 고창군 흥덕면에 있는 야동길! 야구 동영상? 야한 동영상? 둘 다 아닙니다. 이곳은 넓은 들판을 뜻하는 야전에서 비롯된 야동마을 앞길입니다.

구라길

구라길도 정말 톡특하죠? 경남 함안국 수동면에 있는 길인데요. 이 마을에 라 씨 집안의 아홉 아들이 모두 과거에 급제했다고 하네요. 구라(九羅)는 '아홉 구', '벌일 라', 즉 아홉 명의 라 씨가 살던 마을이란 뜻입니다.

먹방길

왠지 이 길엔 맛있는 식당이 많을 것 같은 느낌인데요. 강원도 홍천군에 있는 '먹방길'은 옛 지명인 '먹방산'을 인용한 것이라고 합니다.

---

14 참조: 국립국어원 '쉼표, 마침표'

멀미길

멀미가 날 만큼 어지러운 길인가. 그 멀미가 아니고요. 강원도 정선군에 있는 '멀미길'은 옛 지명에서 유래된 도로 이름이라고 합니다.

법대로

강원도 속초시의 '법대로'는 말 그대로 법대로 하자는 주민들의 바람에서 탄생한 것입니다. 이 길에 춘천지법 속초지원과 춘천지검 속초지청 등 법 관련 기관들이 있어 "법을 준수하자"는 의미에서 '법대로'라는 이름을 지었다고 합니다. 왠지 '법대로'에선 절대 사고가 나지 않을 것 같죠?

쌍쌍로

경북 고령군에 있는 '쌍쌍로'는 짝을 이룬다는 의미와 관련 있어 보이죠? 하지만 단순히 고령군 쌍림면과 합천군 쌍책면을 잇는 도로이기 때문에 앞 글자를 따서 '쌍쌍로'라 한 것입니다.

길 외에도 우동마을(경남 김해시 진영읍 우동리), 망치마을(경남 거제시 일운면 망치리), 연탄마을(충북 증편군 증편읍 연탄리), 가수마을(강원 정선군 정선읍 가수리) 등 재미있는 마을 이름도 많네요.

특히 2015년 6월에는 메르스 때문에 관광객이 줄어 지방 관광명소가 울상이라고 하는데요. 우리나라에 있는 여행지만으로도 좋은 곳이 넘친답니다. 올 휴가는 아름다운 우리나라 구석구석을 여행해보는 건 어떨까요?

다음 중 우리나라에 실제 존재하는 지명은 어느 것일까요?

1. 정답마을

2. 대박마을

3. 이기리

4. 우주리

정답 2번

　'대박마을'은 충남 연기군 금남면 대박리에 있는 마을입니다.

무슨 뜻인지 알고 쓰나요?

욕에도 표준어가 있다

저희 가족이 가끔 들르는 인천의 한 식당은 이름이 버젓이 있는데도 단골들에겐 '욕쟁이 식당'으로 불립니다. 끝내주는 보리밥도 당연 일품이지만 불쑥불쑥 튀어나오는 할머니의 구수한 욕설을 듣노라면 "욕도 이렇게 맛있는 음식 먹으며 좋은 기분으로 들으면 기분 나쁘지 않을 수 있구나" 하는 생각이 들어요. 참 신기합니다. 하지만 사실 이런 경우는 드물죠. 욕을 들으면 대부분 기분이 나쁜 게 당연합니다. 그런데 욕에도 표준어가 있다는 사실, 아셨나요? 욕의 기능상 상대방의 기분만 나쁘게 하면 됐지 굳이 표준어까지 정해놔야 하나 하는 생각도 들긴 하는데요. 일상에서 흔히 쓰이는 욕 가운데 표준어는 무엇이고, 어떤 뜻이 담겨 있을까요?

욕을 했을 때 가장 먼저 듣는 사람은 바로 내!!

232

멍청이

멍청이는 어리석고 아둔한 사람을 놀림조로 일컫는 말로 '멍텅구리'라는 생선이름에서 유래됐는데요. 멍텅구리는 매우 못생긴 데다 굼뜨고 동작이 느리며 아무리 위급한 상황이 닥쳐도 벗어나려는 노력조차 하지 않습니다. 그래서 "옳고 그름을 제대로 판단하지 못하는 어리석은 사람"을 비유적으로 일컫는 말로 그 뜻이 확대됐습니다.

삐대다, 개기다

삐대다는 "한군데 오래 눌어붙어서 끈덕지게 굴다"라는 뜻으로, 비슷한 말로는 **개기다**가 있는데요. 원래 "성가시게 달라붙어 손해를 끼치다"는 의미의 **개개다**만 표준어였는데 2014년 국립국어원이 '개기다'도 표준어로 인정했습니다. '개기다'는 "명령이나 지시를 따르지 않고 버티거나 반항하다"의 뜻으로 쓰입니다.

허접하다, 허접쓰레기

허접하다는 "허름하고 잡스럽다"는 뜻으로 원래 **허접스럽다**만 표준어였는데 2014년 12월 표준어가 됐습니다. '허접쓰레기'도 원래 **허섭스레기**의 북한식 표현으로 표준어로 인정받지 못했으나 2011년 8월 복수 표준어로 인정받았습니다. "좋은 것이 빠지고 난 뒤에 남은 허름한 물건"이라는 뜻입니다.

씨부렁대다, 씨부렁거리다

왠지 사투리나 비속어일 것 같았는데 둘 다 모두 표준어입니다. "주책없이 쓸데없는 말을 함부로 자꾸 지껄이다"는 뜻을 가지고 있습니다.

염병할, 빌어먹을, 육시랄

이 감탄사들의 어원을 찾아보니 매우 살벌하네요. **염병**은 장티푸스로 고열에 시달리고 머리카락이 빠지는 무서운 전염병이었습니다. 따라서 '염병할 놈'은 "염병을 앓아서 죽을 놈"이란 뜻이 되겠죠. **빌어먹을**은 먹고살기 힘든 시절 "거지처럼 빌어먹으라"고 저주를 퍼붓는 말이고요. **육시랄**은 "육시를 할 만하다"는 뜻인데요. 오래 전 사지와 머리까지 묶은 줄을 소가 당기게 해 사람의 몸을 6등분한 '육시'라는 잔인한 형벌에서 유래됐습니다.

요즘 어른아이 할 것 없이 욕하는 사람이 많은데요. 하지만 그 욕이 무슨 뜻인지, 또 어디서 유래됐는지 알면 아무리 표준어라도 욕하는 일이 조금은 줄어들지 않을까요? 욕을 하면 가장 먼저 듣는 사람은 바로 '나'라는 사실, 다시 한 번 곱씹어보자고요.

오늘의 문제입니다. 다음 중 표준어가 아닌 것은 무엇일까요?

1. 후리다

2. 식겁하다

3. 설레발치다

4. 어리버리

정답 4번

'어리버리'는 어리바리의 잘못된 말입니다. 어리바리는 "정신이 또렷하지 못하거나 기운이 없어 몸을 제대로 놀리지 못하고 있는 모양"을 뜻합니다.

*후리다 - "그럴듯한 말로 속여 넘기다", "매력으로 남을 유혹하여 정신을 매우 흐리게 하다"

*식겁하다 - "뜻밖에 놀라 겁을 먹다"

*설레발치다 - "몹시 서두르며 부산하게 굴다"

명절은 왜 '쉬는' 게 아니고 '쇠는' 걸까요?

쇠다/쉬다

"아주머니~ 설 잘 쉬세요."

"쉬기는 뭘 쉬어? 설은 쇠는 거야. 쉬는 게 아니고."

올 초 동네 시장, 자주 들르는 가게 아주머니에게 설 인사를 건넸더니 돌아온 답변입니다. 평상시에도 우리말을 누구보다 제대로 사용한다고 자부해왔는데……. 난데없는 '한방'에 얼굴이 화끈거리기까지 했는데요.

발음이 비슷해서인지 설을 '쉬는' 걸로 알고 계신 분들이 많은데요. 쉰다는 것은 몸을 편안히 하는 것이죠. 따라서 맞게 쓰려면 "설 연휴 잘 쉬세요"라고 해야 합니다. 즉 설 연휴는 '쉬는' 것이고, 설은 쉬는 것도 새는 것도 아닌 '쇠는' 게 맞습니다. 그렇다면 설은 왜 '쇠는' 것일까요?

설은
쉬는 건가?

설은 세나?

설은 새지?

얘들아~ 고민 그만!
설은 쇠는 거래

국립국어원에 따르면 **쇠다**는 "명절, 생일, 기념일 같은 날을 맞이하여 지내다"의 뜻을 지녔습니다. 따라서 '설을 쇠다/추석을 쇠다/명절을 쇠다/생일을 쇠다/환갑을 쇠다'로 쓸 수 있습니다. 하지만 옛 문헌을 보면 '설 쇠다'는 새해를 맞아 삼가고 조심하는 날로, "나쁜 기운을 쫓아낸다"는 의미입니다. 새해가 시작되니 나쁜 기억이나 번뇌를 지우고 새롭게 시작하자는 뜻입니다. 정확한 뜻을 알고 보니 이보다 더 좋은 새해 인사는 없다는 생각이 드는데요.

그렇다면 '쇠다'의 활용형은 '쇠/쇄' 중 어떤 게 맞을까요?

'쇠/쇄'도 '되/돼'와 마찬가지로 발음이 같다 보니 많이 헷갈리시죠? '되/돼' 구분법은 〈1부 밭다리 후리기〉의 〈'앙되요'는 안 돼요?… '안 된대요'〉에서 다뤘는데요. 이참에 '기본형+아/어'를 적용하는 구분법을 다시 한 번 알려드릴게요. 기본형에 아/어를 적용한 뒤 말이 되면 '기본형+아/어'가 맞고, 안 되면 기본형이 맞는 말입니다.

'쇠다'의 기본형 '쇠'와 '어'를 붙이면 '쇠어'가 되죠. 어색하지 않죠? 마찬가지로 '되어'도 맞는 말입니다. 따라서 이것을 줄여서 '쇄/돼'로 씁니다.

다음 예를 통해 더 정확히 알아볼까요?

(1) 설 잘 쇠라/쇄라

(2) 설 잘 쇠세요/쇄세요

(1)은 '쇠+어+라'가 되므로 '쇠어라'의 준말 '쇄라'가 맞습니다. (2)는 '쇠+어+세요'가 되는데 말이 안 되죠? 따라서 기본형 '쇠'가 맞는 말이므로 '쇠세요'라고 써야 합니다.

주다   쇠다
주 + 어요   쇠 + 어요
주 ㅓ요   쇠 ㅓ요
줘요   쇄요

다음 중 맞춤법에 틀린 말은 몇 번일까요?

1. 이번 설에는 꼭 찾아뵐게요.

2. 설 어디서 쇠요?

3. 안 하면 안 돼요?

4. 시간이 없어서 못 봬요.

정답 2번
　　'쇄요'가 맞는 말입니다.

지역별
놀이
이름

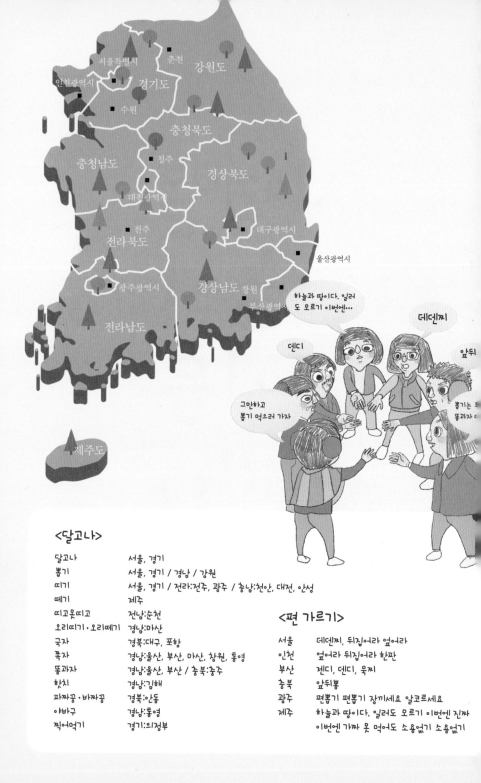

<달고나>

달고나	서울, 경기
뽑기	서울, 경기 / 경남 / 강원
띠기	서울, 경기 / 전라:전주, 광주 / 충남:천안, 대전, 안성
떼기	제주
띠고웃띠고	전남:순천
오리띠기·오리떼기	경남:마산
국자	경북:대구, 포항
쪽자	경남:울산, 부산, 마산, 창원, 통영
똥과자	경남:울산, 부산 / 충북:충주
핫치	경남:김해
파짜꿍·바짜꿍	경북:안동
야바구	경남:통영
찍어먹기	경기:의정부

<편 가르기>

서울	데덴찌, 뒤집어라 엎어라
인천	엎어라 뒤집어라 한판
부산	겐디, 덴디, 웅찌
충북	앞뒤뽕
광주	편뽑기 편뽑기 장끼세요 알코르세요
제주	하늘과 땅이다. 일러도 오르기 이번엔 진짜 이번엔 가짜 못 먹어도 소용없기 소용없기